兴趣数学
"教与学"
小学数学兴趣教学研思录

赵　莉◎著

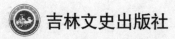
吉林文史出版社

图书在版编目（CIP）数据

兴趣数学"教与学"：小学数学兴趣教学研思录 /
赵莉著.—长春：吉林文史出版社，2020.9
ISBN 978-7-5472-7215-2

Ⅰ.①兴… Ⅱ.①赵… Ⅲ.①小学数学课—教学研究
Ⅳ.①G623.502

中国版本图书馆CIP数据核字（2020）第188019号

兴趣数学"教与学"：小学数学兴趣教学研思录
XINGQU SHUXUE JIAO YU XUE XIAOXUE SHUXUE XINGQU JIAOXUE YANSILU

著 作 者：赵　莉
责任编辑：程　明
封面设计：言之凿
出版发行：吉林文史出版社有限责任公司
电　　话：0431-81629369
地　　址：长春市福祉大路5788号
邮　　编：130117
网　　址：www.jlws.com.cn
印　　刷：北京政采印刷服务有限公司
开　　本：170mm×240mm　1/16
印　　张：12.75　　　　字　　数：230千
印　　次：2022年6月第1版　2022年6月第1次印刷
书　　号：ISBN 978-7-5472-7215-2
定　　价：45.00元

当我选择教师作为终身职业的时候，教育就注定会成为伴随我一生的事业。经过这些年的风风雨雨，我有过迷茫，有过彷徨，但更多的是幸福与欢乐。跟社会上的很多人相比，我很庆幸，因为我从事的是自己喜欢的职业，为之而奋斗的是自己喜欢的事业。

教育之路不可能一马平川，我的数学教学之路也遇到过各种情况。面对这些情况，我的选择是坚持、突破。只有坚持，才能走到事业和生命的终点；只有突破，才能不断提升自己、发展自己。认识小学数学的教学目标，让我的坚持有了方向；了解小学数学的基本要求，让我的突破有了现实途径。路，是我选的，在我的脚下，我将坚持走下去，无怨无悔，任劳任怨。因此，我坚信，这是一条正确的道路，未来必定鲜花满布，幸福无比。

面对新课改，我是坚定支持的，因为这是我国教育发展的必然选择。在这样的大背景下，作为一名小学数学教师，我应该花时间和精力去了解新课程标准下小学数学的发展趋势和特点，认识到学生的主体地位，从而做到"以人为本"，让教育真正成为帮助其成长和发展的力量。

兴趣，是小学数学课堂教学的法宝和利器。小学生还小，跟他们讲述太多的大道理是不行的，那样会使他们产生厌倦心理。唯有兴趣，唯有符合他们身心特点的兴趣，才是引导他们进入数学学习状态的有效手段。通过自主学习、合作学习与探究学习，采取多种手段，从多个维度构建兴趣型课堂，是有效提高小学数学课堂教学效果和效益的现实途径。

如果一个人做事，既没有策略，也不讲究技巧，那么效果肯定不佳，小学数学课堂教学亦是如此。根据我的教育教学经验，我认为，在课堂教学中，要想提高学生的兴趣，有六大策略，掌握了这些策略，就等于把握了课堂教学的主动权。在掌握策略的基础上，从备课、课堂导入、课堂控制、情感交流、教学评价、练习设计等方面的技巧入手，就可以把整个课堂教学有效地提升起来、活跃起来，课堂教学的效率自然而然就上去了，学生学得轻松愉快，教师教得开心幸福。

"工欲善其事，必先利其器。"方法，就是最有效的工具。在教学中，如果教师不讲究教学方法，那么就像钝刀割肉，费力而又没有效果，教、学双方都会非常痛苦。教学方法很多，我根据自己对教学的认识，将其分为形象思维教学方法和抽象思维教学方法两大类，并对其选用和组合原则进行了简单论述。或许，具体的方法还有很多种，但最根本的在于根据教育教学的实际情况灵活运用，才能达到最佳的效果。

数学是能够推动社会进步与发展的科学，是自然科学的基础。小学数学教育能够提高学生的思维能力，能够提高学生的实践能力，能够培养学生的学习情感。总而言之，小学数学很重要，对于小学生的成长具有特别的意义和价值。这一点，让我这个小学数学教师很自豪，同时也深感责任重大。

赵 莉

2019年10月10日

目 录

第一章 我的数学教学之路

第二章 新课标下小学数学教育的发展趋势与特点

第三章 小学数学兴趣型教学课堂的构建

第四章 小学数学兴趣课堂教学策略与技巧

第五章 小学数学兴趣课堂教学基础教学方法

第六章 数学兴趣教学与思维训练
——以数的运算为例

第一章　我的数学教学心得与研究

第一章

我的数学教学之路 〉〉

　　人生是一条由无数偶然和必然组成的连续性的道路。我很庆幸，也很开心。不管是因为偶然，还是因为必然，我走上的这条数学教学之路，是我喜欢的事业之路。这条路，或许并不完美，或许也不辉煌，然而是我用心选择的道路，我用心去爱，用爱去经营。我坚信，有一天，这条路的两边会开满美丽的鲜花，一直开到幸福的彼岸。

第一节　我眼中的小学数学教学

在我看来，数学是人们对客观世界的定性把握和定量刻画，逐渐抽象概括，形成方法和理论，并进行广泛应用的过程。数学是一门不断变化发展的学科，在不同的历史时期，其发展程度也大不相同。有人认为，数学是一种工具，帮助我们在生活和学习中计算、推理和证明；也有人认为，数学是一种语言，"+、−、×、÷"的多元化模式帮助人类进行思想的交流；还有人认为，数学是一种文化，推动着社会不断向前发展。

数学是一门逻辑性强、应用广泛的学科。小学阶段本着促进学生全面、持续、和谐发展的需要，不仅要考虑数学自身的特点，而且应遵循学生学习数学的心理规律，强调从学生已有的生活经验出发，让学生亲身经历将实际问题抽象成数学模型并进行解释与应用的过程，进而促使学生在获得对数学理解的同时，在思维能力、情感态度与价值观等方面得到进步和发展。

一、突出基础性，注重概念形成

小学是对数字敏感的阶段，是培养学生对数学的兴趣和思维的最好时期。其数学的概念具有抽象性的特点，而小学生的思维却定性在具体的形象思维上。因此，结合小学生所熟悉的具体事件，把抽象的数学概念和具体实例联系起来，逐步形成新概念，是小学数学学习过程中的第一个关键步骤。

二、突出普遍性，结合实际生活

数学来源于生活，同时也是人们生活、劳动和学习必不可少的工具。构建起数学和生活之间的桥梁，把数学学习和生活体验结合起来，不仅生动、深刻，而且进行了人文教育。以学生熟悉的生活经验和兴趣问题为切入点，激发了学生学习的兴趣和热情，培养学生用数学眼光看问题、用数学头脑想问题，增强了学生用数学知识解决实际问题的意识。

三、突出真实性，从虚拟到逻辑

真实的情境有利于培养学生的观察能力、思维能力和应用能力，有利于学生培养真实的情感和态度。在数学学习的过程中，把虚拟的情境与具体的事物相结合，更有利于提高学生的思维转换能力和逻辑思考能力，更容易让学生体验学习的乐趣，从而积极主动地探索并解决问题。

四、突出实践性，与综合应用相连

实践与综合应用的一个重要目标，是让学生体会数学与现实世界的联系，树立正确的数学观，以问题为载体，以学生自主参与为主。在整个过程中，应为学生自己发现问题和提出问题、独立思考和归纳提供更多空间。教师要引导学生体会数学的文化价值和应用价值，在实践中产生对数学强烈的好奇心和求知欲。在学习过程中，让学生充分体验获得成功的乐趣，锻炼学生克服困难的意志，建立自信心。

五、突出创新性，提高兴趣和能力

人人是创造之才，时时是创造之机。学生具有好奇心强、思维活跃、善于合作、敢于质疑等特点。引导学生捕捉生活中的数学现象，激发学生学习数学的浓厚兴趣，积极地思考，深入地探究，更容易培养学生发现问题、探究问题的兴趣和能力，提高创新意识。

六、数学与文化深度契合

《数学课程标准》（以下简称"新课标"）中指出："数学是人类的一种文化，它的内容、思想、方法和语言是现代文明的重要组成部分；小学教育阶段的数学课程，其基本出发点是促进学生全面、持续、和谐的发展；使学生获得对数学理解的同时，在思维能力、情感态度与价值观等方面得到进步和发展。"在当代小学数学教学中，教师更应该注重培养学生的数学文化素养，让学生接受数学文化的熏陶，透过数学文化的学习，受到人格品行的教育。

数学是人类的一种文化，它的内容、思想、方法和语言是现代文明的重要组成部分。在传统数学教育中，对数学基本知识、方法和技巧比较重视，但数学文化方面的介绍内容较少，并且不成体系，学生往往依靠自己的课外阅读来增加了解。新课标在数学文化素养培养方面，提出了更高的要求。在内容编排上，小学数学课本有计划、有目的、自然地将数学文化引入数学教学内容中，帮助学生学习数学、理解数学，深刻地认识数学和真正地应用数学，让数学真正发挥其应有的作用，培养小学生的数学文化素养，使学生得到全面的发展，这也是素质教育的基本要求。那么，该如何培养小学生的数学文化素养呢？

1. 营造数学文化氛围，培养学生学习数学的兴趣

数学是一门充满神秘与奇趣的学科。例如，教师积极引导学生关注"地球有多重""大金字塔之谜"等问题，这些有趣的知识能很容易地激发小学生的好奇心和求知欲望，使他们满怀热情地投入学习活动中。此外，数字谜语中也蕴含着许多聪明智慧，也可以作为吸引小学生兴趣的学习工具。数学谜语形式虽然简单，但是在培养学生的数学兴趣，帮助

学生巩固书本知识、锻炼思维品质等方面都能起到很好的作用。数字儿歌朗朗上口，容易记诵，有一定的趣味性。低年级学生刚接触计算时，往往找不到好的方法，计算速度较慢，且错误较多。教师可以结合生活情境，根据学生心理发展的规律将定理、法则，编成儿歌的形式，以利于学生识记。

2. 加强数学基础知识的教学，提高学生的科学文化素质

切实加强基础知识教学。每个公民无论从事何种职业，都必需具备一定的数学知识和基本技能。数学是学好其他各门学科必备的基础知识。小学数学学习情况直接影响后继课程的学习，这就决定了数学知识是科学文化素质的重要组成部分。小学数学中的概念、性质、法则、公式、数量关系和解题方法等最基础的知识是进一步学习的基础，必须使学生切实学好。

知识学习和积累仅仅是基础，培养和发展小学生的数学能力才是目的。教师在教学时，不仅要使学生学到知识，还要重视学生获取知识的思维过程。数学本身具有严密的逻辑性、高度的抽象性、广泛的应用性。数学知识的传授要有利于学生主动地进行观察、实验、猜测、验证、推理与交流，让学生参与学习，才能使学生获得真正的知识，终身受益。例如，提高口算能力，培养学生思维敏捷性。口算是计算的基础，其熟练程度直接影响笔算的速度和准确性。同时，口算也是训练思维敏捷性的一个良好手段。在数学教学过程中，不论教哪个年级，教师都要严格地对学生进行心算、口算训练，课课练，使之熟能生巧；整十数加减法等可通过视算、听算、开火车形式反复训练，达到脱口而出、正确无误。

3. 教学中渗透数学思想和方法，深化数学素养的内涵基础

数学思想是对数学和它的对象、数学概念、命题和数学方法的本质的认识。数学方法是解决数学问题的方法和策略。数学教学要在重视传授知识的同时，引导学生体会数学方法、感悟数学思想，这样才能使学生学会用数学思维、数学手段和数学方法分析和解决数学中的具体问题，以及其他的一些现实问题。数学思想和数学方法是数学知识在更高层次上的抽象和概括，它蕴含在数学知识的发生、发展和应用的过程中，既是数学教学追求的境界，也是数学教学的本质要求。数学思想方法的教学要由表及里，循序渐进。教师要在知识发生过程中渗透数学思想，要在问题的探索和解决过程中揭示数学思想，使学生从中掌握关于数学思想方法的知识，并把这些知识应用在后续的学习中，科学地获取数学知识。"授人以鱼，不如授人以渔。"知识的记忆是暂时的，思想方法的掌握是长远的。知识使学生受益一时，而思想和方法则使学生终身受益。

4. 教学中培养学生的思维能力，引导学生思考数学问题

思维作为一种能力和品质，作为人的智力的核心，它是人的智慧的集中体现。要培养一个人成才，很重要的一个因素就在于培养其科学的思维。思维的发展，需要土壤、需要平台。好的教学策略是引导学生自己"发现"问题、解决问题。只有这样，才能进一步释放学生的思维潜能，进一步保护学生的思维火花。凡是学生能通过自己努力学到的知识，绝不授予学生；凡是学生经过思考能解决的问题，就放手让学生去思考，把"教—学"活动中的自由还给学生。把学生当成主体，让学生自主学习、自主探究，既给学生思维的自由，也给学生自己发现问题、解决问题的压力，从而促使学生去积极思考。

5. 指导数学课外阅读，开阔学生的文化视野

数学教师可指导学生阅读课外读物、因特网中的古今中外数学家的故事。故事中的数学家废寝忘食、孜孜不倦的态度，屡遭失败、永不放弃的意志，身处逆境、矢志不渝的精神，都会对学生产生极大的鼓舞作用，给学生树立学习榜样。数学教师可以引导学生阅读有关的数学发展史，数学发展史

也是人类文明进步的历史，数学的发展是富于创造的艰辛历程。因此，有必要让学生更多地了解有关的数学发展史，使数学学习成为名副其实的文化传承。

6. 训练学生的数学语言，促进数学语言表达能力发展

帮助学生掌握正确的数学语言，是小学数学教学的基本任务。俄罗斯著名教育家A.A.斯托利亚说道："数学教学就是数学语言的教学。"新课标也指出，数学是人类的一种文化，包括内容、思想、方法和语言，是现代文明的重要组成部分。数学素养的形成与语言是紧密联系的，语言是思维的工具，是思维的外壳，正确的数学语言能更准确、清晰地反映一个人的思维过程，展示思维能力的发展水平。教学时，教师在学生动手操作的同时，要求学生对操作用数学语言描述出来，这是一个十分有效的训练学生学会表达自己思想观点的途径。在具体的操作途径中，小学生用语言表达自己的想法，从中获得知识的内涵，学生既学得有趣又讲得有劲，相互取长补短，共同提高。

7. 引导学生用数学的眼光看待事物，体验生活中处处皆数学的境界

学生身边的数学问题很多。在教学中，教师应引导学生把生活中的问题抽象为数学问题，进一步揭示具体事物和抽象概念的联系，既加深学生对所学知识的理解，又有助于提高学生解决问题的能力。例如，帮助楼内住户每月计算水电费；为室内装修户测量并计算铺地面用多少地板砖，喷涂四壁和屋顶需要购买多少涂料；植树节时根据种植面积和种苗棵数，计算行距、株距……学生觉得这些问题既实在又有趣，身边处处有数学，越学越有劲头，养成理论联系实际的好习惯。

在数学教学中，教师应注重保护和培养学生的直觉意识。讲一些数学的发展史，多组织学生参加数学社会实践等，都能使学生的数学素养得到提高。

数学文化素养归根到底是一种文化素养，而数学教育就是一种文化素质的教育，它的养成不是一朝一夕之事，贵在重视和坚持。要通过学习，使学生感受数学不仅是一系列抽象的知识，更是一种方法、一种态度，甚至是一种精神、一种文化，从而让学生满怀乐趣和憧憬地去学习它。让数学文化走进小学课堂，渗入数学教学实践中，努力使学生在学习数学过程中真正受到文化感染，从而产生文化共鸣。

第二节 小学数学教学的目标

数学课程的目标不只是让学生获得必要的数学知识和数学技能，它还应包括在学生的启迪思维、解决问题、情感与态度等方面的发展。这一结果源于新课程所倡导的新的数学课程理念——设置数学课程的基本目的不仅是让学生掌握数学的基础知识、基本技能和基本方法，还应该让学生愿意亲近数学、了解数学、运用数学，学会"用数学的眼光去认识自己所生活的环境与社会"，学会"数学地思考"，发展学生的理性精神、创新意识和实践能力，培养学生克服困难的意志力，建立自信心。

一、掌握数学知识，发展数学技能

让学生获得适应未来社会生活和进一步发展所必需的重要的数学知识（包括数学事实、数学活动经验），以及基本的数学思想方法和必要的应用技能。在这一目标的阐述中，对数学知识的理解发生了变化——数学知识不仅包括"客观性知识"，即那些不因地域和学习者而改变的数学事实（如乘法运算法则、三角形面积公式、一元二次方程求根公式等），而且还包括从属于学生自己的"主观性知识"，即带有鲜明个体认知特征的个人知识和数学活动经验。例如，对"数"的作用的认识、分解图形的基本思路、解决某种数学问题的习惯性方法等。它仅仅从属于特定的学习者，反映的是他在某个学习阶段对相应数学对象的认识，是经验性的，是不那么严格的，是可错的。新课标认为，反映了他对数学的真实理解，形成于学生的自我数学活动过程之中，伴随着学生的数学学习而发展。因此，学生的数学活动经验应当成为学生所拥有的数学知识的组成部分。

二、具备数学思维，树立数学意识

让学生初步学会运用数学的思维方式去观察、分析现实社会，去解决日常生活中和其他学科学习中的问题，增强应用数学的意识。这个目标，反映了新课标将小学教育阶段的数学学习定位于促进学生的整体发展的基本思路。简而言之，就是培养学生"用数学的眼光去认识自己所生活的环境与社会"，学会"数学地思考"，运用数学的知识、方法去分析事物、思考问题。因此，以"传授系统的数学知识"为基本目标的"学科体系为本"的数学课程结构，将让位于以"促进学生发展"为基本目标的"学生发展为本"的数学课程结构。也就是说，新的数学课程将不再首先强调是否向学生提供系统的数学知识，而是更为关注是否向学生提供具有现实背景的数学，包括学生生活中的数学、学生感兴趣的数学和有利于学生学习与成长的数学。而学生数学学习的重要结果也不再只是会解多少"规范"的数学题，而是能否从现实情境中"看到"数学、能否应用数学去思考和解决问题。

三、了解数学价值，增强学习信心

让学生体会数学与自然及人类社会的密切联系，了解数学的价值，增进学生对数学的理解和学好数学的信心。这一目标表明，好的数学课程应当使学生体会到——数学是人类社会的一种文明，它在人类发展的昨天、今天和明天都起着巨大的作用。我们学习的数学绝不仅仅存在于课堂上、考场中，它就在我们的身边。

作为教育内容的数学不应当被单纯地视为抽象的符号运算、图形分解与证明，它反映的是现实情境中所存在的各种关系、形式和规律。例如，函数不应当被看作形式化的符号表达式，对它的学习与研究也不应仅仅讨论抽象的表达式所具备的特征和性质，如定义域、表达形式、值域、单调性、对称性等，它更应该被视为刻画现实情境中变量之间变化关系的数学模型。而对具体函数的探讨还应当关注它的背景、所刻画的数学规律、在具体情境中这一数学规律所能带来的实际意义等。在整个义务教育课程结构中，数学不应当只作为一个"筛子"——将"不聪明"的学生淘汰出局，将"聪明"的学生留下。数学课程是为每一位学生所设的，每一位身心发育正常的学生都能够学好数学，达到新课标所提出的目标，增强学好数学的信心。

四、培养创新意识，提升数学素质

让学生具有初步的创新精神和实践能力，在情感态度和一般能力方面都能得到充分发展。这一目标表明，从现实情境出发，通过一个充满探索、思考和合作的过程学习数学，获取知识，收获的将是自信心、责任感、求实态度、科学精神、创新意识、实践能力，这些都是远比升学更重要的公民素质。我们都知道，素质教育的实现并不意味着需要开设一门"素质教育课"，素质教育也不是艺术、体育或社会活动的专利。事实上，在现行的教育制度下，实施素质教育的主渠道还是学科教育，既数学课堂。

五、培养抽象思维能力和形象思维能力

数学既是对客观世界数量关系和空间关系的一种抽象，也是研究整个世界的基础性工具科学。也可以说，在我们的生活中处处有数学。重视小学数学教学，有利于全面提高全体学生的基本素质，促进学生的主体性，开发学生的智慧潜能，是以学生健康个性为根本目的的素质教育的重要组成部分。小学生通过学习掌握一定的数学基础知识和基本技能，为后续学习数学奠定

基础，是我国公民应当具备的文化素养之一。小学数学教育的重要性，就在于它能够培养小学生的形象思维能力，拓展形象思维空间；培养小学生的抽象思维能力，奠定抽象思维发展基础；培养小学生的基本数学技巧和素养，让数学成为其成长过程中不可或缺的人文因素。

1. 小学数学对于小学生形象思维能力的培养

从人类科技发展史来看，在人的头脑中，利用形象来进行思维，有助于人类发现和掌握事物的本质，从而取得科技的突破和发展。人类科学的早期技术发明，基本上都是从形象思维开始的。例如，我国古代发明家鲁班，因为手被带有齿的小草刺破而发明了锯子；著名科学家瓦特看到水壶里的水烧开时，蒸气能掀动水壶的盖，从而发明了蒸汽机。形象思维实质上是人们对日常生活中的事物和现象的直观感觉的应用，这种直觉以表象为基础，进行联想与想象，达到创造发明的目的。我国著名科学家钱学森曾经说："我建议把形象思维作为思维科学的突破口……这将把我们智力开发大大向前推进一步。"一句话就很明确地把形象思维的重要性表达了出来。很多优秀的科学工作者都有着发达的形象思维。

在小学数学教学中，培养小学生的形象思维能力是一项重要的任务。在小学生的整个年龄段，都是以具体形象思维为主，然后逐步向抽象思维过渡，并且这个阶段的抽象思维仍然占有很大的具体形象性。形象思维比较直观，且更容易被理解。因此，在小学日常教学活动中，很多教育工作者都把精力集中在研究如何培养学生抽象思维能力上面，进而忽视了对如何培养学生形象思维能力的研究。在实际教学中，学生在对具体事物进行直观感知以后，教师并没有花足够的时间来引导学生对直观感知的材料进行概括，学生的头脑中尚未形成鲜明的直观形象，还不能直接运用这种形象进行思维的时候，教师就直接跳到抽象概念，使学生对所学的知识一知半解，从而影响学生学习的兴趣，整体学习质量不高，效果也不好。形象思维是抽象思维的前提，培养学生形象思维能力符合儿童思维发展规律，是小学数学教学的一项非常重要的任务。

形象思维的基本形式包括表象、联想和想象。在数学教学中，让学生获得正确、丰富的表象，培养学生联想能力、想象能力是提高小学数学教学质量的需要。小学生要获得教学知识，必需先有正确丰富的表象。表象是对过去知觉过的对象和现象在头脑中产生的印象，它既能以直观的形象来反映现实，又具有一定的概括性。没有表象就不可能有形象思维。数学知识比较抽象。教学时，教师如能把抽象知识"物化"，让学生看得见、摸得着，能操作、有感觉，能在头脑中产生印象，就有利于学生学习。形象思维能力在小学数学教学中的培养主要是指联想能力、想象能力等。教育心理学家研究结果表明，形象思维在小学生思维活动中占有较大的比例。由此可见，在小学数学教学时，更不容忽视对学生进行形象思维能力的培养。

既然形象思维如此重要，那么，影响小学生形象思维的因素究竟有哪些呢？一般而言，概括起来主要有三个方面：一是表象。表象是形象思维不可缺少的材料，因为表象具有形象性和概括性的特征。而数学表象除了形象性外，还具有一般性。二是想象。想象在小学数学学习中起着十分重要的作用，是形象思维升华的途径。三是联想。联想是形象思维的又一重要方面，它是由一事物的触发而想象出与这一事物相似或大不相似的事物形象的思维过程，这是形象思维拓展的桥梁。

在具体的小学数学教学活动中，如何培养学生的形象思维能力呢？

首先，采用直观教学培养学生的形象思维能力。数学是一门很抽象的学科，要解决数学高度抽象性与学生具体形象思维之间的矛盾，重要的是采取直观教学。直观教学是形象思维能力培养的有效手段。例如，在讲解圆面积公式时，将两张硬纸剪成同样的两个圆，把这两个圆从圆心到圆上平均剪开形成很多份小扇形。教学时，先把两个圆贴在黑板上，让学生看清两个圆一样大，面积也相等。再将其中的一个圆展开成两个半圆，拼成一个长方形。这样学生就会很容易看出：这个长方形的面积等于圆的面积、圆周长的一半等于长方形的长、圆的半径等于长方形的宽；长方形的面积＝长×宽。学生通过观察和想象，进而理解圆面积（$s = \pi r \cdot r$）的道理。通过直观教学由抽象到具体再到抽象，更有利于学生获得清晰的数学概念。

其次，数形结合，培养学生的形象思维能力。数学是研究现实世界中数量关系和空间形式的学科。总的来说，数学是数与形结合的学科。不同类型的数学图形，提供了大脑形象思维的表象材料，调动了右脑思维的积极性和主动性，提高了形象思维能力，促进了个体左右脑的协调发展，使人变得更聪明。例如，课本中配合应用题的具体情节而设计的插图，拓展了学生形象思维的天地，增强了学生刻苦学习的意志。又如，课本中出示的例题和复习题，表示数量关系时，运用的绚丽色彩和各种小动物、植物、大河、山川，现代的飞机、汽车、轮船、卫星、建筑，古代的文物、书籍……这些不仅对理解数量关系有利，而且对学生形象思维能力的发展和审美能力的提高起着重要的作用。

最后，引导想象，发展学生的形象思维。现代认知心理学认为，表象不但可以储存，而且可以对储存的表象痕迹（信息）进行加工改组，形成新的表象，即想象表象，它也是进行形象思维的重要方式。所以，教师要善于创设课堂教学中的问题情境，如图示情境、语言情境，激发学生参与探索的欲望，充分发挥学生丰富的想象力。例如，教师在教完梯形知识后，可引导学生想象："当梯形的一个底逐渐缩短，直到为0，梯形会变成什么形？当梯形短底延长，直到与另一底边相等时，它又变成什么形？"借助表象，能把看上去似乎无联系的三角形、平行四边形、梯形有机地结合起来。

总之，在数学教学中，教师应尝试运用多种方法去启发、去发展、去开拓学生的形象思维能力，培养学生正确、科学的思维品质，从整体上提开学生的思维素质，形象思维使得课堂教学的趣味性、知识性和教育性相统一。

在小学数学教学中，只有充分发展学生的形象思维能力，更有利于学生对数学知识的学习和理解，更有利于学生牢固地掌握数学知识。

2. 小学数学对于小学生抽象思维能力的培养

在传统小学数学教材中，对于抽象思维的内容特别重视。然而，在新教材使用的过程中，因为直观操作强调较多，有时忽视了抽象的过程与结果，对由形象到抽象的过程认识与研究不够，颇有点儿矫枉过正的味道。数学作为一门抽象性很强的学科，即便是小学数学，也应该体现出一定程度的抽象思维特征。数学的抽象性特质决定了数学可以培养学习者的抽象能力，也决定了学习者必须具有一定的抽象能力。根据教育学相关理论，小学生抽象思维的阶段特征如下：一、二年级学生以具体形象思维为主，三、四年级学生的抽象思维能力逐步提高，五、六年级学生的抽象思维能力在继续发展。但是，无论处于哪个阶段，小学生的抽象思维还是要靠形象来支撑，形象思维依旧主导着小学生的思维模式。在小学数学教学中，教师应当注重学生抽象思维能力的培养，这样才能奠定学生以后学习抽象数学模式的基础。

新教材更重视培养小学生的形象思维能力，使得教师对于问题情境的创设、对于问题解决方法的多样化非常注重，这些都具有明显的形象思维特征。数学虽以形象思维为基础，但最终还是要向抽象思维过渡。因此，小学数学教师应该加强对学生抽象思维的关注和研究，了解形象思维和抽象思维的关系，以及学生思维变化与过渡的循序渐进的过程，引导形象思维向一定程度抽象思维的发展。在具体教学活动中，思维模式由表象思维最后到抽象思维，但整体上由易到难，循序渐进，拾级而上，不能呈现太大的跳跃性，也不要试图揠苗助长，只能潜移默化地慢慢提升。数学给予人的强大的抽象概括能力，可以使人有条理地在简约状态下进行思考。这既是科技进步的重要推动工具，也是人类发展的核心动力之一。

在小学阶段的数学中，有大量的计算教学内容，如何由算理的直观上升到算法的抽象，应该是计算教学中永远要研究的主题，也是小学数学教学的基础性内容。从认识的过程来看，学生对问题的思考和解决通常分为两个阶段，即感性认识阶段和理性认识阶段。所谓感性认识阶段，即形成感觉、感知和表象的阶段，是对事物的认识的低级阶段。所谓理性认识阶段，即对表象进行概括和抽象而形成概念的阶段。与感性认识和理性认识相对应的就是形象思维和抽象思维，表象是感知的保存和再现，它促进了形象思维向抽象思维的跨越与提升，表象是感性认识和理性认识的中介和桥梁。

既然抽象思维如此重要，那么，小学数学教师在日常教育教学活动中，究竟该如何培养学生的抽象思维能力呢？

一是小学数学教师要重视形象思维，这是抽象思维的基础和准备。在教学中，教师要尽可能运用直观生动的形象。形象思维能促进学生的心理活动更加丰富，有助于他们更深刻地认识事物的本质和规律。研究表明，富有创造性的学生，其形象思维一般都能达到较高水平，从而可以顺利转化为基础性的抽象思维能力。例如，在数学的行程问题中，有一个"火车过桥"的问题。如果不采用直接的形象展示，凭小学生的抽象思维能力，很难完全进行理解。若是通过多媒体教具，制作现场场景展示，就可以让学生很好地了解，原来"车头上桥到车尾离桥"才叫"火车过桥"。厘清这个概念之后，就不难理解火车过桥所行的路程就是桥长加车身的长度，这个流程都可以通过电脑制作展示出来。通过这种形象思维的辅助，小学生以后遇到类似的问题时，就可以用抽象的思维去理解。在形象思维和抽象思维的关系上，之所以要重视形象思维，是因为直观的形象可以让抽象的语言文字、定律公式变成看得见的形象，可以降低学生思维的难度，可以帮助小学生很好地理解和建构数学知识。

二是小数数学教师要引导学生逐步地学会抽象思维，这是由形象思维走向抽象思维的必经之路。形象思维毕竟属于层次较低的思维，要想真正地领略数学之美，最终还必须向抽象思维转化。因此，教师在教学中要注重培养学生的抽象思维能力。当然，过程不能操之过急，只能一步步有目的地引导。抽象只有摆脱具体形象，才能使思维用算法化的方式得出新的结果，这也是数学学习层次不断提高的需求。抽象思维能力除了可以使思维概括、简约、深刻之外，还有发现真理的功能。因此，教师还要指导学生用抽象的方法解决问题。在生活中，有许许多多的实际数学问题，虽然叙述的时候很形象，但是可以抽象化为一个个数学模型，让学生学会利用这些简单的数学模型进行思考，就可以解决生活中的实际问题。小学生通过自己的思维能力解决实际生活中的数学问题之后，不但抽象思维能力更进一步，而且学习的积极性和能力也会有所提高。

三是小数数学教师要重视表象的作用，这是构建抽象思维模式的基础。表象是人脑对当前没有直接作用于感觉器官的、以前感知的事物形象的反映。一旦形成知识的构建，就会成为抽象思维的基础。它不仅具有具体的形象性，还具有一定的概括性；它不但反映个别事物的主要特点和轮廓，而且还反映一类事物的共同的表面特征。世界上没有绝对的抽象，任何抽象都是以表象为基础，而表象的基础是感知。因此，小学数学教师要尽可能丰富学生的感知。要运用观察、操作、实验等多种形式，调动学生的多种感官参与感知。表象思维是感性认识和理性认识的桥梁，小学数学教师要重视表象思维在形象思维向抽象思维上升过程中的作用。可以说，如果没有表象的基础性铺垫作用，就不可能有抽象思维的产生，这也是人类认识的必然规律。在小学数学教学中，培养小学生对于表象的重视，就是为了更好地发展他们将来的抽象思维能力和水平。

四是小数数学教师要通过形式运算来训练和提升抽象思维能力。在小学数学教学内容中，关于运算的内容特别多。对于一些比较复杂的运算，如果采用形象思维或者低层次的抽象思维去进行运算的话，可能效率低，出错的概率较大；如果能采用高层次的抽象思维，直接抓住运算的本质属性去计算，不仅运算的速度更快、效率更高，而且准确度也会更高。运算思维结构可以分为两个水平：一个是具体运算水平，另一个是形式运算水平。根据让皮·亚杰关于思维发展阶段的划分，儿童7—11岁为具体运算阶段，这个阶段的运算一般还离不开具体事物的支持；11—15岁为形式运算阶段，形式运算就是命题运算思维，这种运算可以离开具体事物，根据假设来进行。小学已学习了用字母表示数和简单的一元一次方程，六年级学生的运算思维水平可以脱离具体事物与具体数据进行形式的代数的运算。也就是说，小学生已经具备了形式运算的基础与可能。在小学阶段解决数学问题中，有时用代数法更具有普遍性、概括性和说服力。同时，也为初中学习代数做铺垫、打基础。因此，小学高年级的教师，应该把培养学生形式运算的能力，作为教学的一个内容。这样，可以更好地提升小学生的抽象思维能力层次和水平。

第三节　小学数学教学的基本要求

在新的教学环境下，如何切实搞好数学教学，是新的数学课程实施中非常重要的问题。为了更好地体现新课标所倡导的数学教学观念，新课标分学段撰写了教学建议，对于不同学段的教学工作提出了不同的要求。总体来说，在教学中要注意如下几个方面的基本要求。

一、根据学生的年龄特点组织教学

数学教学要充分考虑学生的身心发展特点，结合他们的已有知识和生活经验，设计富有情趣的数学教学活动。

第一学段的学生主要通过对实物和具体模型的感知和操作，获得基本的数学知识和数学技能，如数和图形的认识、简单的计算、简单的测量和数据统计等。为此，数学教学必须以学生熟悉的生活、感兴趣的事物为背景提供观察和操作的机会，使他们体会到数学就在身边，感受到数学的趣味和作用，对数学产生亲切感。

第二学段学生已经能够理解和表达简单事物的性质，领会事物之间的简单关系。教师应结合实际问题，在认识、使用和学习数学知识的过程中，使学生初步体验数学知识之间的联系，进一步感受数学与现实生活的密切联系。

第三学段学生的抽象思维已有一定程度的发展，具有初步的推理能力。同时，也在数学和其他学科领域积累了较为丰富的知识和经验。因此，除注重利用与生活实际有关的具体情境学习新知识外，应更多地运用符号、表达式、图表等数学语言，联系数学以及其他学科的知识，在比较抽象的水平上提出数学问题，加深和扩展学生对数学的理解。

新课标强调，数学教学要紧密联系学生的实际，从学生的生活经验和已有知识体验出发，创设生动、有趣的情境，引导学生通过观察、操作、实践、归纳、类比、思考、探索、猜测、交流、反思等活动，掌握基本的知识和技能，学会从数学角度去观察问题、思考问题，发展思维能力，激发学生对数学的兴趣，增强学生学好数学的信心与愿望，体会数学的作用，从而学会学习，生动活泼地投入数学学习中。

二、重视培养学生的应用意识和实践能力

数学教学应努力体现"从问题情境出发、建立模型、寻求结论、应用与推广"的基本过程，根据学生的认知特点和知识水平，不同学段都要做出这样的安排，使学生认识到数学与现实世界的联系，通过观察、操作、思考、交流等一系列活动逐步发展应用意识，形成初步的实践能力。

在日常教学活动中，教师要注重与专题研究和开放性问题有关的内容和实践活动，加强这方面内容安排的密度和强度。

1. 让学生在现实情境和已有的生活经验中理解数学

第一，加强数学学习和现实的联系。数学学习的基础首先是学生的生活经验。数学教学要加强数学学习和现实之间的联系。数学教师在教学工作中，要充分贯彻联系生活和数学应用的思想，让学生具有参与实践活动的机会，给学生提供运用数学知识解决现实问题以及由其他学科提出问题的机会，让学生用数学的眼光看待现实生活，结合生活实际学习数学。

第二，让学生在具体的数学活动中体验数学知识。教育和心理学的研究表明：当学习的材料与学生已有的知识和生活经验相联系时，学生对学习

才会是有兴趣的。因此，教学要从学生所熟悉的现实情境和已有的知识经验出发，让学生能够积极地参与其中并体会到数学学习和现实的联系。这是激发学生数学学习兴趣的重要途径，使学生在认识数学的同时，还能学到解决问题的策略。研究表明，当数学和学生的现实生活密切结合时，数学才是活的、富有生命力的，才能激发学生学习和解决数学问题的兴趣。数学教学要密切结合学生的生活经验，从现实中寻找学生学习的素材，使学生感受到数学就在自己的身边，就存在于自己熟悉的现实世界中。

事实证明，只有将数学与现实背景紧密联系在一起，也就是说，只有通过数学化的途径来进行教学，才能帮助学生真正获得富有生命力的数学知识，使他们不仅理解这些知识，而且能够应用这些知识。因此，数学教学要紧密联系学生的生活实际，从学生的生活经验出发来开展教学。教师要善于引导学生把生活经验上升到数学概念和方法，并能反过来解决实际问题。

2. 培养学生应用数学的意识和提高学生解决问题的能力

数学教学应从学生所熟悉的现实生活出发，从具体的问题到抽象的概念，得到抽象化的知识后，再把它们应用到新的现实情境中去，通过数学的应用，培养学生应用数学的意识，提高解决问题的能力。

第一，让学生经历"问题情境—建立模型—解释、应用与拓展"的过程。为了使学生经历应用数学的过程，教学应采取"问题情境—建立模型—解释、应用与拓展"的过程。这个过程的基本思路是，以比较现实的、有趣的或与学生已有知识相联系的问题引起学生的讨论，在解决问题的过程中，出现新的知识点或有待于形成的技能，学生带着解决问题的目的去了解新知识、形成新技能，反过来解决原来的问题。学生在这个过程中，体会数学的整体性，体验策略的多样化，初步形成评价与反思的意识，从而提高解决问题的能力。

第二，培养学生提出问题和解决问题的能力。为了使数学教学有助于提高学生解决问题的能力，首先，应使学生获得从数学的角度来提出、认识和理解问题的机会，让学生在学习时，善于从数学的角度提出问题、发现问题。其次，使学生学会运用多种方法解决问题，发展多样化的解题方法。由于不同的学生在认识方法上存在着差异，他们有不同的认识方式和解决问题的策略，所以，应当鼓励他们从不同的角度、不同的途径来思考和解决问题。在数学活动的过程中，学生得出的是前人已经发现的结果，但数学化的过程对于学生来说已经具有一种再创造的因素。

第三，注重数学与其他学科的联系与综合。数学教学与其他学科的联系与综合是一个重要的研究和实践的趋势，这是20年来数学教学改革的一个值得注意的特点。我们要根据学生的认识规律研究数学教学与其他学科联系的问题，不仅要从现实生活题材中引入数学，而且要注意加强数学和其他学科的联系，打破传统的学科限制，允许在数学课程内容中研究与数学有关的其他问题。综合是数学应用思想的延续和发展。数学教学设计要把握数学应用的广泛性这一特点，注重数学应用的多科性，运用数学解决生活和其他学科中的问题。数学与自然、科学、人文等许多学科有关，是学习这些学科的重要基础。同时，可以从这些学科的问题中找到应用数学的广阔途径，理解数学的丰富内涵，也可以从其他学科中吸收丰富的营养。教师要研究数学和其他学科的关系，制订工作计划，通过数学与其他学科的联系综合，全面提高学生的数学素养。

解决实际问题往往不只是涉及数学的一招一式，可能还涉及其他知识与能力，应用的过程是一个综合的思维活动。数学能力与许多一般能力应该协同发展，如合作、实验、分析、推理、观察、交流等。在数学教学中，应重在兴趣，并适当发展学生综合思维的能力，让学生有机会综合地运用各种数学知识和数学技能，使他们掌握信息的收集、调查、整理的方法，培养学生自己发现问题的意识、独立的思考判断能力，以及以问题解决、探究活动为主的创造能力，使学生初步获得对数学的正确看法。

三、引导自主探索，培养创新精神

在教学活动中，学生是学习的主体，必须改变"教师讲、学生听"以及大量演练习题的数学教学模式。教师必须转变角色，充分发挥创造性，依据学生的年龄特点和认知特点，设计探索性和开放性的问题，给学生提供自主探索的机会，让学生在观察、实验、猜测、归纳、分析和整理的过程中去理解——一个问题是怎样提出来的、一个概念是如何形成的、一个结论是怎样探索的，以及这个结论是如何被应用的。通过这样的形式，使学生创新精神的培养得到落实。在这个过程中，教师要关注学生的个体差异，尊重学生的创造性。对学生在探索过程中遇到的困难和出现的问题，要适时、有效地帮助和引导，并通过交流、讨论、合作学习加以解决，使所有学生都能在数学学习中获得成功感，树立自信心，增强克服困难的勇气和毅力。

1. 引导学生动手实践、自主探索和合作交流

实施新的课程标准，必须改变旧的教学模式，学生的学习方式也必须进行相应的改变。数学教学应注重引导学生动手实践、自主探索与合作交流。学生在观察、实验、猜测、验证、推理与交流等数学活动中，逐步形成自己对数学知识的理解和有效的学习策略。

第一，让学生动手操作。在新课标中，设计了大量便于学生进行操作的内容。学生能借助动手操作来理解的内容很多，需要不断挖掘。但在使用时，教师应注意两点：一要留给学生足够的思维空间。动手操作的目的在于使学生借助直观的活动来实现和反映其思维活动，必须给学生留有足够的思考空间。二要适量、适度。所谓适量，就是不要动辄就操作，操作并不是多多益善。所谓适度，是指当学生的直观认识积累到一定程度时，就应该使学生在丰富的表象的基础上及时抽象，由直观水平向抽象水平转化。

第二，促使学生进行独立思考和自主探索。教学过程中，教师要给学生提供自主探索的机会，让学生在讨论的基础上发现问题和解决问题；要安排适量的、具有一定探索意义和开放性的问题，给学生比较充分的思考空间，培养学生乐于钻研、善于思考、勤于动手的习惯，让学生有机会在不断探索与创造的氛围中发展解决问题的能力，体会数学的价值。

第三，鼓励学生合作交流。为了促使学生合作交流，在教学组织形式和教学方法上，教师要进行变革，逐步由原来单一的班级授课制转向内涵丰富、有利于学生主动参与的多样化的教学组织形式。

2. 鼓励解决问题策略的多样化

不同的学生有不同的思维方式、不同的兴趣爱好以及不同的发展潜能，教学中，教师应关注学生的这些个性差异，允许学生思维方式的多样化和思维水平具有不同的层次。

鼓励解决问题策略的多样化，就要让学生成为学习的主人，把思考的空间和时间留给学生。教师工作贵在启发、重在信任，让学生有表现自己才干的机会。学生是数学学习的主体，教师要引导学生主动学习。所谓主动学习，就是强调学习数学是一个学生自己经历、理解和反思的过程，就是强调以学生为主体的学习活动，这对学生理解数学是十分重要的。学生学习数学，不应该是被动地吸收课本上的现成结论，而应该是一个亲自参与的、充满丰富思维活动的实践和创新过程。具体地说，学生应该从他们的经验出发，在教师的帮助下，自己动手、动脑做数学，逐步发展对数学概念的理解能力和解决问题的能力。

鼓励解决问题策略的多样化，即鼓励和提倡个性化的学习。数学教育的目的是使学生形成高效、统一的固定运算方法和熟练的技能的同时，也要发展学生的思维能力。在数学教学过程中，教师要激励和尊重学生多样性的独立思维方式。因此，数学学习活动要让所有学生都能积极参加讨论，激励学生思维，培养学生独立运用数学知识思考与创造的意识，促进学生创新能力的发展。在课堂教学中，教师应该让学生明确表达想法，强化合理判断与理性沟通的能力，在师生互动、生生互动中建构数学知识。

3. 具体要求要适当

教师要善于驾驭教材，把握知识的重点、难点以及知识的内在联系，根据学生的年龄特点和教学要求开展教学活动。

教师要注重让学生在广泛的背景下理解概念，重视概念引入的必要性，关注一个概念与日常生活、其他学科以及学生已有数学知识之间的联系，引导学生通过自身体验，在分析和整理的过程中学习概念。不能用死记硬背的方式学习概念，不能把会背作为判断学生是否熟练掌握概念的依据，对于要求"了解""知道"的概念，不要随意提高要求。

第四节　数学与生活实践联系日益紧密

好的数学教育应该从学习者的生活经验和已有的知识背景出发，提供给学生充分进行数学实践活动和交流的机会。数学实践活动是培养学生进行主动探索与合作的重要途径。新课标将小学数学实践活动摆在突出的位置。可以说，小学数学实践活动是培养学生综合数学能力的重要途径。如果我们的数学教学忽视了"实践"或实践不到位，那么，学生所学的知识就不能形成技能，数学教学便成为无源之水、无本之木。

新课标将实践活动作为数学学习的一个重要组成部分。其要求是：数学教学活动必须建立在学生的认知发展水平和已有知识的经验基础之上，教师向学生提供充分从事学习活动的机会，帮助他们在自主探索和合作交流的过程中真正理解和掌握基本的数学知识和技能、数学思想和方法，获得广泛的数学活动经验。因此，教学时，教师应结合学生的实际经验和已有知识设计富有情趣和意义的活动，使他们有更多的机会，从周围熟悉的事物中学习和理解数学，感受数学与现实生活的密切联系，提高学生运用数学知识解决实际问题的能力，从而提高学生的综合素质。

一、提高对数学实践活动课的认识

1. 实践活动加强了学生创新精神和实践能力的培养

数学实践活动课是培养学生主动探究和主动创新的自由天地。例如，一年级学生在初步认识了长方形、正方形、圆等几何图形之后，设计"拼出美丽的图画"操作性实践活动课，让学生利用七巧板等学具开展"折一折、拼一拼、剪一剪、画一画、说一说"等系列活动，使学生形象地看到两个或几个图形拼起来会出现一个新的图形，这样易于发展学生的形象思维，培养学生的想象力和动手实践能力。另外，教学中教师应多鼓励学生拼出不同图画，让学生在求异、求新中培养审美情趣和创新能力。

2. 实践活动关注"过程"的教育价值

我们的教学往往让学生去记忆现成的知识，有意无意地压缩了学生对新知识的认识过程，造成学生"知其然，不知其所以然"。然而，学生素质中最重要的态度、情感和意志等个性品质的培养大多是在学习活动的过程中逐步实现的。

实践活动倡导"让学生亲力亲为"，强调学生活动对学习数学的重要性，认为学生的实践、探索与思考是学生理解数学的重要条件。学生在探索中不断发现，在交流中不断碰撞，在思考中相互接纳。学生不仅能体验到进步的快乐、成功的喜悦，有时也会受到一定的挫折教育，从而很好地实现了智力与能力的共同发展。

我们可以这样说，实践活动的价值并不仅仅体现在活动结束时所获得的某种有形的成果（知识理解的对或错、完成作业的优或差等），更体现在活动过程之中易于被人们所忽视的一些无形的东西，如情感体验等。

3. 实践活动重视学生对知识的主动建构

建构主义学习理论认为，数学学习不是一个被动的接受过程，而是一个主动的建构过程，即通过内部认识结构与周围环境之间的相互作用来建构知识。也就是说，我们的教学必须建立在学生已有的知识和经验的基础上，创设条件，使新的学习材料与学生原有的认知结构相互作用，让学生主动地建构新的数学认知结构。

实践活动提倡"做中学"，也就是让学生在各种各样的操作探究、体验活动中，去参与知识的生成过程、发展过程，主动地发现知识，体会数学知识的来龙去脉，培养主动获取知识的能力。

例如，教学圆锥的体积计算公式一课，传统的教学一般是教师演示学具，得出圆锥体积的计算公式，然后应用公式进行计算。根据"做中学"的指导思想，教师在教学此课时，宜采用小组操作探究的方法。首先，让学生操作学具（等底等高和不等底不等高的圆锥圆柱装沙子），写出实验报告单；其次，让学生分析报告单，发现规律；最后，得出圆锥体的体积公式。在活动过程中，教师出示了一圆锥体沙堆，让学生用不同的方法去测量，计算出其体积。整个过程都是学生主体活动的过程。实践证明，用这种方法教学，其教学效果是传统教学方法所难以比拟的。

4. 实践活动使数学与生活更接近

传统的数学教学，教师特别重视知识的教学，而很少关注这些知识与学生实际生活有哪些联系。学生学会了数学知识，却不会解决与之有关的实际问题。学生也不善于用数学眼光去思考实际生活中的一些问题，造成知识与生活、知识与能力的脱节。于是，有些学生认为数学太抽象，不容易理解，对数学学习也就不感兴趣。

新课标要求："要重视从学生的生活经验和情境中学习和理解数学。"组织学生到附近工厂和企业去参观、调查和进行实际测量等活动，能使学生充分感受到数学知识与实际生活紧密相连，数学源于生活，生活中处处有数学，有利于培养学生用数学眼光看待现实问题的能力和意识。

二、精心设计实验活动，培养学生的实践能力

数学教学中的实践活动一般分为课内实践活动和课外实践活动两种方式。课内实践活动以解决单一知识点为主，活动内容一般在课内完成。课外

实践活动相对范围较宽，多用于众多知识点的学习和综合能力的训练等，而且活动时间较长。

教师设计实践活动一般要从紧密联系教材内容和学生生活来考虑。例如，为了提高一年级学生口算20以内加减法的能力，设计"扑克牌"游戏，让学生在玩扑克牌的过程中提高口算的速度和正确率。又如，设计"吸烟有害"实践活动，让学生调查家庭中的吸烟人数、香烟品牌、香烟价钱，同时调查一名学生一年学习费用是多少钱，核算吸烟浪费的这些钱可以资助多少名失学儿童等，使学生利用数字的对比，进一步加深对吸烟危害的认识，增强社会责任感。再如，组织学生到附近工厂参观学习，请厂里的领导、专家讲述近年来工厂的发展变化、效益增长情况，体会改革开始以来工厂的巨大变化。

教学中，教师恰当地设计一些数学教学活动，使学生能在活动中学习数学、感受数学，加深对数学的理解和掌握，对数学产生兴趣、产生情感。但不可将数学教学活动设计模式化。数学的学习并不都是要在具体活动中感受的，应避免将数学课都变成数学活动课。

有效的教学根植于儿童的现实生活。以往数学教学对书本知识及运算关注比较多，但缺乏与生活的联系。学生缺乏通过自己的活动与实践获得知识与发展，也很少有机会表达自己的理解和想法。原因之一就是教师过于关注知识点的传授与学生的熟练度，而忽略了学生作为一个有灵性的活生生的个体在学习中所具有的能动性，教师的教学成为寻求一个唯一正确答案的枯燥的解题过程。教师的教学设计往往仅从知识点出发，去安排一个又一个环节，一切遵循着"读书破万卷，下笔如有神"这一古训，丰富的数学学习变成了习题、证明、计算循环反复的训练过程。例如，认识长度单位、面积单位等，大多是由教师示范、讲解，通过反复比较，使学生记住这些单位；然后，通过大量的单位换算练习题，使学生扎实地掌握。这种做法就是从知识点之间的联系入手的。虽然学生可以非常熟练地进行大量的计算，却并不一定拥有这些长度或面积的观念，普遍缺乏用数学眼光看待周围事物的意识和能力。教学时，教师应走出单纯以知识传授为主的教学思路，将数学的学习置于丰富的背景之中。

从学习者的生活经验和已有的知识背景出发，有效的数学教学给学生提供了充分的数学实践活动和交流的机会，使他们在自主探索的过程中真正理解和掌握数学知识、思想和方法，同时获得广泛的数学活动经验。

三、教学中如何组织有效的活动

1. 确定一个好的数学实践活动的课题

这里所说的数学实践活动是指相对比较大型的活动。一个好的数学实践活动的课题应该具备以下几点：

一是题目的起点宜低，使得人人都能入手。如果问题可以从多方面、多角度找到解决的途径，就更好了。

二是题目要贴近学生生活、切合学生实际，即课题应适合学生的年龄特征、知识水平及开展活动的物质条件等。

三是题目要能给学生充分的活动空间、想象空间和探究空间。

四是课题选择宜突出综合性，避免内容的单一性。

五是课题的内容要尽可能做到真实、可信。

2. 数学实践活动的一般程序

一是学生自行或在教师指导下选择活动的题目，确定活动的内容，明确要解决的问题。

二是学生个人或自行组合成小组，考虑一个行动方案。

三是探索实践，得出结论或拿出结果。

四是解释讨论、组织交流，每个人或每个小组展示自己的成果，彼此之间进行交流、质询。

五是后续活动，组织公开展示或做进一步探讨，完善成果。

数学实践活动也可以以"长作业"的形式来进行，即从选择课题到拿出成果，安排比较长的时间。

四、开展数学实践活动教学应注意的几个问题

1. 制订切实可行的活动计划

教师要充分挖掘教材中可以利用的教育因素，紧密联系学生的学习、生活实际，以及学生知识水平、认知能力，努力做到目的明确、计划周密。除考虑到教材因素、学生因素外，还要考虑活动所需要的时间、安全等方面的因素。对于学生自行设计的实践活动方案，教师要多加指导，使方案更具可行性。

开展数学实践活动课，教师要通盘考虑，做到心中有数、有的放矢。否则，实践活动就会流于形式、走过场。

2. 开展实践活动课要符合学生的年龄特征

低年级学生掌握的数学知识比较少，接触社会的范围也比较窄。同时，他们具有好奇、好动、好胜、注意力不稳定等特点。所以，开展实践活动，一般以游戏、竞赛、学具操作为主，还可以结合学生的日常活动，如跳绳、投掷、赛跑等，创造性地设计数学实践活动。

中、高年级学生的主体意识逐渐增强，且有一定的数学知识基础和社会生活经验。所以，一般以学具操作、实地测量、参观调查、小课题试验等为主，培养学生的发现、探究和应用意识。

3. 转变教师角色，突出学生的主体地位

学生是学习的主体，是活动的主体。实践活动课要求教师把学习的主动权和个性发展权还给学生，让学生唱主角。教师要由知识的传授者转变为活动的组织者、指导者和参与者。教师要更多地关注活动目标的导向、动机的

激发、情境的创设、方法的指导、疑难的解答等。反之，如果教师限制得过多，实践活动课将失去其价值。

4. 实践活动结束时的评价工作

客观、正确地评价具有一定的导向性和激励性，所以，实践活动结束后，教师应组织学生进行评价。在自我评价、小组评价和教师评价中，交流各种体会，总结经验，升华认识。

学生开展实践活动，有时效果不一定令人满意。这时，教师不能草草收场，不了了之。教师要恰当地进行评价，找出活动中的闪光点，多鼓励、多表扬学生，帮助学生树立下次参与实践活动的信心。同时，教师还要帮助学生客观地分析活动中的不足之处，以利于下次活动的开展。

数学实践活动课解放了学生的头脑、眼睛和嘴巴，留给学生一定的时间和空间，在培养学生的综合素质方面有着十分重要的地位和作用。它虽是一个新课题，但已显现出勃勃的生机。

第二章

新课标下小学数学教育的发展趋势与特点

新课标依旧以中小学教育为大背景，目前新课改正在深入。作为一名小学数学教师，应该用客观、理性的态度去认知小学数学教育的发展趋势与特点，并根据这些趋势与特点，调整自己的教学策略，改进自己的教学方法。只有这样，才能成为一名合格的数学教师，才能有机会成长为名师和专家型教师。

第一节　新课标下小学数学的发展趋势

我国教育事业目前正以崭新的速度加快改革，新课标的逐步实施使小学数学教育的改革也提上日程。在蓬勃发展的教学改革大潮中，正处于纵深发展阶段的小学数学教育改革取得了令人瞩目的成效。纵观新课标下目前小学数学的发展状况，对其发展趋势做出探究，以此推动和深化改革进程，就显得尤为重要。我根据自己的教学经验，结合自己的教育认知，从教学理念、教学内容、教学方法等方面入手，对新课标下小学数学的发展趋势做出探究。

一、教学理念的转变

1. 由尊重主体到尊重个体的转变

新课标明确指出，教育要面向全体学生，让整体在数学教育上获得良好的发展，又要适应个性，让个体在数学上得到不同的发展。新课标下小学数学的发展也应遵从这一主旨，在引导学生整体数学素养提高的同时，强化发展个性的教育，尊重受教育者个体的独特性。

2. 培养目标转变为着力于思维能力的提高

"数学是思维的体操"，与其他学科不同，它既具有严密的逻辑性，又具有高度的抽象性和广泛的应用性，在提高人的思维能力方面有着独特的作用。新课标在总体目标中明确提出，要使学生"学会用思维的方式去观察、分析现实社会，去解决日常生活和其他学科学习中的问题"。以往我国的小学教育将着力点放在知识技能的培养和提高上，而新课标要求下的小学数学教育不依常规，寻求变化，从多层次、多角度、多方位考虑问题，倡导学生主动观察、动手操作、大胆猜测、合作与交流等数学学习活动，而且有效的数学学习活动不能单纯地依赖模仿与记忆，动手实践、自主探索与合作交流成为学生学习数学的主要方式。这种方式主导下的数学学习，思维能力尤其是数学思维能力的提高成为又一重要目标。

3. 由教到学的重心转移

现代教学论指出，教学过程是师生积极互动、共同发展的过程。新课标下小学数学的改革，既要真正提升学生的主体性，又要充分发挥教师的引领作用，二者均不可偏废。落实和推进新课标任重而道远，提升教学品位，改变教学理念，确定以人为本的学生观已势在必行。用民主开放的思想和行为去开启学生的智慧，是新课改赋予每个教师的使命。新课标下数学教育的重心由教师的教转移到学生的学，在传统的教学理念中，尤其是在小学数学的教育工作中，教师是教学活动的主体，而新课标下的小学教育，教师不再是知识的权威代表，学生则成为课堂活动的主体。

二、教学内容的发展趋势

（一）时代性与民族性相结合

随着我国现代社会经济和科技的发展，对小学数学教育内容的改革做出了新的要求，数学教育的时代性显著增强。在加强基础知识教育和运算技能提高的同时，强调发展思维能力，重视智力的培养，同时加强数学思想的渗透，以及数学实践能力的训练，这无疑都体现出时代对于小学数学教育的要求。需要特别指出的是，强调小学数学教育内容的时代性，并不意味着完全忽视教育改革内容的民族性成分，在教学内容中增加一些具有民族文化特点的内容更利于在教育改革的时代浪潮中站稳脚跟。

（二）教材结构的编排更趋科学、合理

新课标下的小学数学教材的编排更趋科学、合理。新教材的编写注重小学生的认识特点，尊重数学知识本身的发展规律，知识结构的选取更加科学。与此同时，尊重儿童心理发展的年龄特点和规律，有目的、有步骤地进行智力的开发和能力的培养。传统的数学教育关注的是学生知识能力的提高，往往忽视对学生的情感、意志、品质的培养和思想品德的教育。而新课标下的小学数学教材的编写遵循儿童情感发展的特点和规律，将小学数学的情感思想教育也摆到重要的位置。

（三）教学内容的呈现方式更趋多样化

小学生数学学习以形象思维为主，要提高学生学习的兴趣，培养学生独立思考能力，促进学生在小组活动中进行合作交流，满足学生多样化的学习需求。小学数学教学内容的呈现方式适应新课程改革的需要，不断地朝着直观形象、图文并茂、生动有趣的方向发展，如采用图片、游戏、卡通、文字、故事、多媒体等多种多样的呈现方式，使教学内容呈现方式日趋多样化、生活化，学生有充分的思维和探究空间，富有趣味性和适应性。

1. 教学内容应与学生生活和社会生活保持密切的联系

正如美国教育哲学家杜威所说："学校必须呈现现在的生活，即对于儿童来说是真实而生气勃勃的生活，像他在家庭里、在邻里间、在运动场上所经历的生活那样。"新课标将现实生活中的实例引入数学学习，把生活实际与数学运用紧密结合起来，深入浅出，浅显易懂，并在课本中运用"议一议""想一想""做一做"等灵活多样的数学问题和数学游戏，安排了若干个"活动区"，在各个活动区中都引入若干个真实的任务让学生去完成，使数学问题生活化，更加贴近现实、贴近生活，以更加直观的形象呈现

在学生面前，对培养学生的思维能力、理解能力和解决问题能力有极大的帮助。

2. 作业形式更加灵活多样

练习法是在教师指导下，学生用已学会的数学知识，通过练习作业来巩固和形成技能，并发展智力的一种数学方法。练习在数学教学中占有特殊重要的地位，几乎没有一堂数学课可以离开它。课堂作业是课堂教学的一个重要组成部分。传统的课堂作业总是布置书本的练习题或教师补充题，以巩固课堂所学的知识，没有考虑到学生个体差异和接受能力的不同。而新课标指导下的小学教学，通过让学生自己设计适合自己的作业形式，并自主收集资料的方式，将所学知识融会贯通，整合运用于新的情境，做到题型多样化，不拘一格。

3. 更加注重实践能力的培养

新课标提出，要"能综合运用所学的知识和技能解决问题，发展实践能力与创新精神"。新课标中所提到的实践能力，是指利用所学的数学知识解决生产、科技、生活中的实际问题能力的具体体现。学生的实践能力是以利用数学知识解决实际问题来体现的。课堂教学既是实施素质教育的主渠道，也是培养学生实践能力的主渠道。在小学数学的教学内容中，向学生提供丰富的多向思维的素材和生活原型，让学生通过动手操作来获取知识、提高能力。反之，通过解决实际问题，促进学生所学数学知识的深化和扩展。例如，在教学"圆柱体的表面积计算"时，教师可引导学生摸一摸自己制作的圆柱模型，看一看它的表面积包括哪几部分，并且反复拆开来看看原来的表面由展开图形的哪些部分所组成。在此基础上，让学生说说观察结果，给出数据算出表面积，说说算式的意义。这样一来，学生在掌握新知的过程中，眼、耳、口、手、脑多种感官协同参与，激活了实践意识。又如，在教学"长方形的周长"时，教师让学生先用四根小棒拼成一个长方形，然后让学生再把拼成的长方形拆开，看长方形的周长和它的长与宽的关系，让学生在拼、拆的过程中自己得出计算长方形周长的公式。

三、教学方法的发展趋向

1. 更加重视教学方法的理论研究及其指导性

在西方，在建立一种新的教学方法的时候，人们都十分重视它的理论基础，并通过这一理论来指导教学方法的改革。如创建"发现法"的美国心理学家布鲁纳就十分重视学科的基本概念、基本原理和规律。在设计新的教学方法的时候，不仅要重视教学方法的理论基础，还要重视这种理论的可行性、有效性，以优化课堂结构，提高课堂效率。

2. 注重教学方法的多样性和综合性

随着我国教学改革的发展，教学方法研究取得了巨大的进展。一些学者、教师根据儿童的教学特点和心理规律，特别是运用控制论、信息论和系统论三大科学方法论进行了长期探索，形成了各具特色的教学方法，结束了我国小学教育一种模式一统天下的局面，涌现出十二种新的课堂教学模式，即四段式结构、六段式结构、六步法结构、五步六层结构、八环结构、新概念教学课堂结构、计算学课堂结构、练习课课堂教学结构、复习课堂教学结构、读问议讲练课堂结构、程序式课堂教学结构和数学思维训练课课堂结构。建立新的教学方法的根本目的是积极寻求并努力实现各种不同教学方式与教学手段的最佳结合，做到教学方法与学习方法的高度统一与协调，以一种方法为主，多种方法综合运用，以达到最佳教学效果。1983年，亚太地区教育规划讨论会的报告强调指出："没有一种教学方法能教所有的学生和所有教学内容。"巴班斯基说道："有关最优化地综合运用各种方法的概念永远是具体的而不是包罗万象的。那些对于一些条件来说是成功的、有效的方法，对另一些条件、另一专题、另一学习形式来说就可能不适用。"美国

C.芮代瑟在《小学数学教学》一书中也强调："教学方法因数学课题、所教的儿童以及教师的风格而有所不同，教学方法也不是单一的，可以有不同的组合。"现代化教学手段把形、声、光结合起来，生动、形象、鲜明、感染力强，抽象的数学概念和原理通过结合形象的画面来讲解，可以更好地吸引学生的注意力，提高学习兴趣，加深对教材的理解和记忆。实践证明，这是符合小学生认知特点的。采用现代化教学手段，能把视听结合起来，可以极大地提高课堂教学效率。它可以突破时间和空间的限制，把难以使学生直接感知的事物和现象，在短时间内直接有声有色地呈现。这样能够丰富教学内容，拓展知识领域，开阔学生的视野，而且多样化的教学方法更能适应教学内容的现代化。

3. 和谐师生关系对教学工作的促进作用

师生关系是课堂教学中各种关系的核心，正确处理课堂教学中的师生关系是实现教学目标和完成教学任务的关键所在。在新课标下，师生关系应是民主平等、互相尊重的关系，应是和谐的关系。因此，改善师生关系是新课标下数学教学过程中迫切需要解决的关键问题。教育心理学家认为，教师与学生能很好地相处在很大程度上取决于对学生的理解和尊重。一个具备心胸豁达、善于理解等良好心理品质的教师往往更能得到学生的尊重。在与学生交往，甚至在学生犯错时，教师要换位思考问题，多从学生的角度去考虑，尊重学生、理解学生。这里的尊重学生，不仅是尊重学生的人格自尊心，也是尊重学生的个体差异性。例如，有的学生喜欢提出一些比较怪异、新奇的问题，有的学生喜欢通过自己的独立思考和探索求得新知识，有的学生喜欢通过与别人合作学习来体会学习的乐趣。为此，教师在设计课堂教学和实施过程中，不能只通过一种教学方法来满足所有学生的要求，必须结合学生的个性特点和学习方式进行相应的调整和完善，构建一种新的学习环境，使课堂教学具有科学性、合理性和创造性，既顺利又有效地完成课堂教学的目标要求。

在我看来，小学数学的教育改革是一项任重道远的历程，纵观新课标实施以来小学数学的发展趋势，我们可以清晰地看到其所取得的巨大的进步。但是，教育改革还有很长的路要走。理清它的发展趋势，对于小学数学教育乃至我国的教育事业的长足发展都将起到良好的促进作用。

第二节　新课标下的小学数学教学特点

提到当代小学数学的基础教育，必然要提到新课改。随着新课改的深入实施，很多小学数学教师都很重视课堂教学的革新，使得我们的课堂教学观念、教学形式和教学水平都发生了很大的变化。在大部分学校，都已逐渐形成了自主探索与合作交流的互动式课堂。数学课堂非常活跃，数学课堂教学达到了比较理想的效果。新教材的使用，给学生充分提供了动手自主探索和合作交流的机会，让学生主动研究数学的实际问题，使学生思维活跃，敢于质疑，愿意与人交流，勇于发表不同见解，乐于表现自己。这对于小学生综合素质的培养和学习能力的提高，都有着极大的益处。

随着课程改革的全面推进，如何改善课堂教学结构，以适应新课标的要求，是广大教师面临的一个重要问题。作为一名小学数学教师，我也在认真思考这个问题。随着教育改革的持续推进，新课程、新标准、新理念逐步走近校园、走近课堂、走近师生。如何把新课程、新标准、新理念转化成实实在在的教学效果，成为教育工作者不懈探索的新课题。根据个人的小学教学工作经验，配合新课标的解读和认识，我认为当前小学数学课堂教学中应该重点关注如下几个方面。

一、吃透教材，用好新教材，创设好课堂中的实际生活情境

新教材的编写从学生的认知心理出发，符合学生的认知规律，较好地

体现了新课改的理念。例如，教材中用小猫、小狗、小熊等学生喜欢的小动物，以做游戏、讲故事等生动形象的方式提出数学问题，不仅能激发学生的兴趣，更重要的是能使学生从中体会到数学就在我们的身边。在这些生动、有趣、美丽的图画中，包含着许多奇妙的数学知识，体现了数学源于生活，生活中处处有数学。学生在生动活泼的情境中，结合生活实际，主动探索、体味学习，兴趣盎然，求知欲高涨，从而对数学这一神奇的世界产生了一种亲切感。数学与现实生活有着密切的联系，将数学知识应用于生活，用数学方法去解决现实生活中的实际问题，不仅可以发展学生的思维素质、应用意识，而且能使学生感到数学有趣、有用，增强小学生学习数学的自信心，利用自己的生活经验去感受数学，真正达到让数学知识贴近生活、用于生活，达到生活材料数学化、数学教学生活化。

学生的学习兴趣和欲望总是在一定情境中发生的，离开了一定的情境，学生的兴趣就会成为无源之水、无本之木。然而，并不是所有的情境都能对学生的学习兴趣和欲望起到推动作用，只有那些带有探索性因素的问题情境，才具有强大的吸引力，才能对学生的学习兴趣和欲望起到强烈的激发作用。

二、培养良好的学习习惯是学好数学的基础

在小学数学教学中，良好数学学习习惯的培养是至关重要的。小学生正处于个人性格形成的重要时期，要想使小学生学好数学，作为教师，必须根据学生的年龄特点和性格特点采用多种教学手段激发他们的学习兴趣，并培养他们良好的数学学习习惯。良好数学学习习惯的培养不是一朝一夕就能形成的，需要一个长期的培养过程。按照新课标的要求，学生良好的学习习惯不仅要求学生上课坐好、积极举手发言等一些外在形式，而且教师要逐步引导学生学会独立思考，敢于提问，学会认真倾听别人的意见，勇于表达自己

的见解，要乐于与人合作交流，共同探讨学习。此外，在教学中，教师不要急于求成，更不要对学生提出一些统一的要求，而应采取循序渐进的方式，逐步让学生学会讨论、学会交流、学会思考、学会合作、学会倾听、学会质疑、学会分享。在良好习惯的培养中，包括传统的数学学习习惯、创造性数学学习习惯一旦形成，就可以为小学生学习数学打下坚实的基础，并使其终身受益。

三、教师倾注真情到课堂，对学生动之以情，焕发学习激情

课堂是学生学习的主要场所，学习本身除了认知因素之外，情感因素也起着特别重要的作用。因此，课堂教学中教师每一丝亲切的微笑，每一个鼓励的眼神，每一句温和的话语，每一个明确的手势……都会触及学生学习的情绪，都可以促使学生放开胆子、亮开嗓子，都会诱发学生情感的积极投入。这一切又能促使师生之间关系融洽、民主和谐，使大家无拘无束，尽情发挥主动作用，激起学习热情。例如，我的一位学生，因父母离异，给他精神上造成巨大的创伤，整日少言寡语，心情郁闷，课堂上听不进，作业完不成，学习日渐落后。于是，我便以慈母般的爱心接近他、关怀他、帮助他，课堂上利用一切机会让他"表现"，并及时表扬，随机赞叹，抓住每一个"闪光点"进行激励。渐渐地，他对老师有了感情，又喜欢上了数学课，成绩也日渐进步。

四、关注和学习生活中的数学，感受数学的乐趣

新课标强调指出："数学教学要体现生活性，人人学有价值的数学。"因此，教师应根据学生的实际，从生活入手，引发学生与生活实际联系，通过自己在生活中形成的常识或经验引导学生学习数学。让学生真正感受到数学源于生活，生活中处处有数学。在数学教学中，注重培养学生认识数学、

发现数学，让学生在学习数学的同时感受数学所带来的乐趣。这样不仅调动了学生的学习兴趣，而且培养了学生的观察能力，使学生感受到数学就在身边。同时，教师还应努力创设条件，从学生的生活实际和已有知识出发，让学生学习并理解数学，积极引导学生把课堂中所学的数学知识和数学方法应用到生活实际中去。这样做，既加深了学生对知识的理解，又让学生真正体验到了生活中处处有数学，体验到数学的真正价值。结合生活实际考虑数学问题，让学生在体验中思考、在思考中创造，培养了学生的创新思维和实践能力。

创设一个愉悦的学习氛围非常重要，它不但可以减少学生对数学的恐惧感和枯燥感，而且还可以让学生亲身体验成功，体验课堂的乐趣。同时，还可以使教师真正深入了解学生的内心，和他们一起经历获取知识的过程与带来的快乐。好学不如乐学，一旦进入乐学的状态，数学学起来就轻松多了。

五、教会学生质疑，适时引导提问，培养问题意识

爱因斯坦说过："提出问题，往往比解决问题更重要。"数学教学应重视培养学生的问题意识，培养学生敢想、敢说、敢问的精神。引导学生提问，是优化课堂教学、培养创新精神不可忽视的关键一环。

1. 借助揭示课题，引导学生提问

一节课，好的导入是教学成功的前提。因此，在新知导入时，要根据儿童的年龄特点和认知规律，可借助揭题，引导学生提问，以激起他们的求知欲。例如，教学"圆的认识"一课，在揭题后设问："关于圆的认识，你们想提出什么问题吗？"学生可能会脱口提出："怎样画圆？""能求圆的周长和面积吗？""圆有什么特征？""圆在生活中有什么应用？"等问题。这样借助揭示课题让学生提问，不仅能培养学生的提问意识，还能培养学生思维的创造性。

2. 利用自学机会，鼓励学生提问

学生自学时，教师要为学生指明学习的方向，以免出现应付式、盲目性的自学。例如，教学"年、月、日"一课时，教师说道："今天让你们自学课本，然后说说你懂得了年、月、日的哪些知识。有什么问题要及时问，好吗？"学生充分自学后，教师鼓励学生说说发现的问题。有的学生提问："为什么一年有12个月？""为什么闰年比平年多一天？""怎么计算一年的天数？"对此，教师不要急于直接告知他们答案，而应抓住重点知识讲解，再让他们讨论、计算、释疑，让全班学生都积极主动地参与学习过程，这样学生的自学能力、思维能力均得到有效的训练。

六、引导学生自主探究、实践操作、合作交流，提升数学能力

新课改提出："教师的任务是引导和帮助学生去进行知识再创造，而不是把现成的知识灌输给学生。"实践证明，学生如果不实行"再创造"，则会对学习的知识难以真正理解，更不能灵活运用。因此，教师在教学时，要站在发展学生思维的角度，相信学生的认知潜能，要让学生学会自主探究、实践操作和合作交流。同时，要将学习的知识进行挖掘、再创造。转变课堂教学观念，发挥学生的主观能动性，让学生在自主探究、合作交流的学习活动中获取知识，使课堂教学充满生机与活力，这就是当今课堂教学改革的主流。

现代心理学研究表明，教学中学生之间的互动能提高学生对知识的理解和掌握，增强团结协作能力，形成良好的意志品质。教学中不仅强调师生之间的互动，而且强调师生之间的合作互动，要求教师给予更大的自由活动空间，以及更多相互交流的机会。在组织形式上多采用小组合作的学习方式，让学生更自然、更大胆、更主动地进行交流合作，互帮互学，共同发展与提高。

七、加强学法指导，掌握学习方法

古人语："授人以鱼，不如授之以渔。"培养现代学生的数学素质，不仅要求他们学会知识，更重要的是培养他们会学的能力。那么，怎样指导学生的学习呢？

1. 指导学生领会例题编排意图，掌握学习方法

在小学数学教材中，每一个新知识点的教学都有相应的例题。教学时，教师要充分发挥这一优势，指导学生掌握自学例题的方法。例如，教材中很多例题的教学不是一步到位，而是分层逐步呈现解题过程，且留有不少需由学生填写内容的空格，教师要让学生根据解题思路自己去思考填写；有的例题旁附有虚、实色线框，教师要让学生明白线框的意图；有的例题有"想"的内容，教师要让学生知道这是思考的过程；有的法则、概念、结语等用色字表示，教师要让学生清楚这是重点内容；有的例题中的示意图和操作程序是为突破难点安排的，教师要让学生懂得根据图示顺序去分析、推想，从而掌握数学学习的思考过程。

2. 指导学生运用渗透、迁移规律学习新知识的方法

数学教材的编排，前后知识联系比较紧密，几乎每一个新知识点的学习都是运用旧知迁移过来的。教学中教师必须十分重视训练学生养成利用渗透、迁移规律学习新知的习惯。例如，教学"圆柱的表面积计算"时，教师可要求学生根据长方形和圆的面积公式组合推导出圆柱表面积的计算方法。

八、设计形式多样的数学作业，让学生多途径学习数学

提到作业，不要局限于写字和计算的作业。在欧美日等发达国家，小学生基本都能完成学校设计的童趣性作业。"兴趣是最好的老师。"新课标指出："从学生熟悉的生活情境与童话世界出发，选择学生身边的感兴趣的事

物，以激发学生学习的兴趣与动机……"因此，在设计作业时，小学数学教师应该从学生的年龄特征和生活经验出发，设计具有童趣性的数学作业，以激发学生的学习兴趣，使学生成为学习的热情者和主动者（如可以设计一些故事、创设一些情境等），让学生融入故事情节中，使学生在轻松愉悦的氛围中，学习数学知识。

除童趣性作业外，还可以设计生活性作业和探索性作业。生活既是学习数学的场所，也是学生运用数学解决实际问题的场所。为此，在设计作业时，教师可创设生活性的实际问题，促使学生尝试从数学的角度来运用所学的数学知识和方法寻求解决问题的方法，体验数学在现实生活中的价值，使学生认识到生活中处处有数学，生活离不开数学，并逐步成为知识的实践者。完成数学作业不但是一种数学学习活动，而且是学生动手实践、自主探索与合作交流的过程。为此，在作业设计时，教师要根据教学的内容及学生的特点设计一些以学生主动探索与合作为主的探索性作业，使学生在数学活动中成为问题的探索者。具体形式很多，如观察作业、调查作业、实验作业和小组合作作业等。

此外，教师还可以设计层次性、自主性、开放性作业，都能够促进学生数学知识、数学意识、数学素养的提升。

九、在课堂教学中引进竞争意识，营造进取氛围

当今社会是竞争的社会，竞争无处不在。在课堂教学中，教师适时采取竞争策略，可以促进群体参与，使课堂气氛活跃，激发学生积极进取。引进竞争意识的手段包括以下两方面。

1. 语言激励竞争

课堂上，教师运用激励性的语言进行教学，能促使学生竞争。例如，"看谁最先想出来？""看谁说得最好？""看谁做得最好？""看谁想得

比他们更好？""比比谁最聪明？""看哪一组准确率最高？"

2. 练习比赛激励竞争

个体练习比赛。练习时，可设计A、B题组，A组是必做题，B组是选做题，让学有余力的学生完成A组题后争取完成B组题。看全班谁完成B组题最多最好，练习后及时表扬、奖励。这样一来，既可让"吃不消"和"吃不饱"的两类学生各有所得，又能促使他们积极进取，主动竞争。

群体练习比赛。如以小组为单位进行小组接力赛练习。每人完成一道题，本组最后一个学生完成后将答卷交给教师，教师按送卷顺序先后编号，根据运算速度和答卷正确率评出优胜组。

十、在课堂上多途径、正能量地适时采取激励性评价

教师课堂评价的时机把握是十分重要的。如果把握不好，就会影响评价的结果，甚至适得其反。因此，评价的时机应选在学生真正感到教师可亲、可信赖之时。在使用瞬时评价的方法中，教师应适时发现，即时捕捉学生的闪光点，立刻评价。激励性评价要面向全体学生，在课堂教学中，教师针对学生的学习态度、学习习惯、学习方法、学习能力等进行激励性口头评价。更重要的一点是，评价要承认学生个体的差异性，实施纵向评价。考察受教育者个体的进步或退步及幅度，注意学生个体自身的发展，有利于学生的自我评价反思，调整心态和评价行为，不断进步。激励性评价要根据学生不同的个性、气质、特点、学习水平，因人、因时而异，进行有针对性的、艺术性的评价。这样才有利于学生对评价的认知和接受，有利于学生个性的发展和潜能的激发。在课堂教学中，教师应让不同的学生全力投入、充分发挥，获得长足发展。在课堂评价中，教师还要适度使用延缓评价，给学生思维发展的空间。

在小学数学教学中，教师对学生正在讨论的问题，不能立即给予肯定或

否定的评判，而应以鼓励的行为方式或语言方式，让学生畅所欲言。然后，选择一个恰当的时机，说出自己的见解。延缓性评价把评价权还给学生，让学生去发现、去分析、去论证，说出自己的见解和主张。每当一种意见提出时，教师都请学生给予评判。当学生解答问题时，教师对学生解答的评价不是按标准答案，而是用语言提示诱发、鼓励学生发散思维，激发学生的独创性。当学生理解不正确或不完善的时候，教师要根据学生的错误所在，补充设问，点拨学生，引发讨论，引导学生深入思考，让学生在不断地争辩中明确认识，经历一个自悟自得的创新过程。当学生理解得不够准确、表达得不够完整时，教师应运用反问，使学生对自己的认识产生疑问，引起思考，进行比较，进而排除谬误，获取真知。

课堂评价不要单一化、笼统化，而应采取多角度评价。每个学生都希望得到老师和同学的激励，特别是学习成绩较差的学生，对激励的渴望更甚。在实施激励性口头评价时，教师要用发展的观点，以发展的眼光去评价学生，对学生学习数学的任何一个方面的进步，无论其现状何等不理想，离教育目标有多远，都应该通过评价加以肯定，鼓励学生不断进步、不断发展。教师要从多个角度去评价学生，并且引导学生在自我评价、同伴评价及对教师的评价时，都要从多个角度去评价。

在新课改的背景下，小学数学教学的目的是要最大限度地解放学生的思想，创造让学生合作、探索的机会，解放学生的空间，提供自主活动、合作互补的表现机会，将学生从"呼吸—储存—再现"的学习过程中解放出来，转向"探索—转化—创造"，从而实现"教师创造性的'教'，学生探索性的'学'"的基本理念，促进课堂教学的最优化。作为一名小学数学教师，我应转变自己的角色，努力使自己的小学数学课堂教学适应新时代、适应新课改、适应每一位学生。

第三节　新课标下数学教学中应确立和发展学生主体地位

在新课标下，在教学活动中，教师是主导，学生是主体，教师和学生是教学活动中相辅相成的互动双方。教师应该最大限度地尊重和发挥学生的主体作用，培养学生的自主探究和实践能力，实现教育的最终目标。课堂是教育教学最重要的阵地。在小学数学课堂教育教学中，认识和确立学生的主体地位，有利于贯彻素质教育精神，培养学生的全面发展，提高课堂教学的实际效率。

一、新课标下"以人为本"教育观念的确立

"以人为本"是当代世界主流教育观念，也是我国当下正在进行的新课程改革的基本教育理念之一，其基本内涵是："人类社会的任何活动都要以满足人的生存和发展为目的，它强调人是自然、社会、自身的主体。"在现代教育理念中，"以人为本"是指在教育教学中，以学生个体发展所需要的知识与能力需求为基本依据，注重培养学生的自我学习和进步的能力，从而促进学生自身健康成长和社会进步。作为教育工作者，教师在教育教学过程中，应充分尊重和践行"以人为本"的教育理念。

新课标明确指出："教学活动是师生积极参与、交往互动、共同发展的

过程。有效的教学活动是学生学与教师教的统一，学生是学习的主体，教师是学习的组织者、引导者与合作者。"这一表述表明，在新课标下，"以人为本"教育观念得以确立和体现，学生被视为数学教育教学的主体。数学教育教学活动必须根据学生的实际情况，培养学生的自主精神和主体意识，让他们自觉地投入数学学习活动中，以便积极主动地探索知识。

1."以人为本"确立教育价值取向

教育的根本目标是培养人，"以人为本"是一种正确的、符合社会发展潮流和教育发展趋势的教育价值取向。"以人为本"强调尊重人、重视人的培养，要求充分开发学生的个体潜能，让学生学习丰富的知识和优秀的学习思维能力，同时还要培养健全的人格。在具体教育教学活动中，将教师应每一个学生都视为独一无二的受教育的主体，不采取整齐划一的教育方法和原则，承认和尊重差异，从学生的角度去思考教育教学问题，更好地引导学生学习，让每一个学生都能在原有基础上通过教育而得到发展。

2."以人为本"尊重生命成长规律

教育的对象是生命个体，是一个个品性独特、个性鲜明的人。教育的使命就是了解生命个体，引导生命个体成长，让每个生命个体都找到自己的成长之路，从而成就生命个体，让生命个体找寻到属于本身的价值。每一个生命个体都有着独一无二的特点，以人为本就是在尊重和理解学生生命基本规律的基础上，遵循生命成长的规律，对学生进行引导和培养，找到学生生命中的潜力和长处，帮助学生发展潜能，实现个体化生命全面自由的发展。

二、数学课堂教学中如何体现学生的主体地位

数学课堂是一个系统工程，备课、上课、评价都是课堂教学的重要环节，在每一个环节的各方面都要做到"以学生为主体"去思考和设计，

把握好实施过程的每一个环节，挖掘出每位学生的优势潜能，在有效完成教学任务过程中，让每一个学生在原有基础上都得到发展，真正实现"以人为本"。

1. 备课时应从学生实际出发，将学生视为备课的目标主体

备课是数学课堂教学的前期准备工作。在备课的时候，教师首先要想到的就是备课的主体对象是学生，认识到学生是备课工作的目标主体。在"以人为本"教育理念下，教师备课时，既要关注知识结构的系统性和完整性，也要充分了解学生、考虑学生需求。在备课的时候，教师应该认识到，课堂教学只是学习数学知识和能力的一个途径，最重要的是学生在数学课堂中的成长和发展，这才是根本。备课关注的重点应该是人、是学生，而不是数学知识。

在"以人为本"理念指导下备课，教师应该从学生的认知心理和认知水平出发，通过良好的教学设计来引导学习数学知识，提高数学能力与素质。备课工作很重要，其好坏直接关系到整个数学课堂教学的质量。在备课的时候，教师应该充分考虑学生的现有基础、学习能力、学习要求和学习兴趣，真正把课备好。教师在这样的备课基础之上再去讲课，就能够条理清晰，在课堂教学中突出重点、突破难点，能够激发学生的学习动力和学习兴趣，有利于学生主体性能力的发展。

2. 上课时应把课堂还给学生，让学生成为课堂教学思考和行动的主体

在新课标指导下，"以人为本"理念的确立，使得课堂教学由重"教"向重"学"转变，让学生成为课堂教学思考和行动的主体，充分尊重和突出学生在数学课堂教学中的主体地位。"以人为本"要求把课堂还给学生，教师只是课堂教学的组织者和引导者，学生才是参与课堂教学的主体。数学课堂教学应该给学生创造参与教学过程的机会，充分调动学生的学习积极性和主动性，促使其主动探索知识规律，获取知识和提高能力。

把课堂还给学生——教师应充分了解学生的独特性，让学生成为课堂教学的培养主体。数学课堂教学不仅要考虑教学自身的特点，还要遵循学生学习数学的心理规律和思维水平，从学生已有的生活经验和知识结构出发，让学生经历知识的形成与应用的过程，从而更好地理解数学知识的意义，掌握必要的基础知识与基本技能，发展应用数学知识的意识与能力，增强学好数学的愿望和信心。

把课堂还给学生——教师应充分调动学生的学习能动性，让学生成为数学课堂教学的思考主体。数学课堂教学应该培养学生的自信心、责任感和主动意识，给学生提供思考、探究和具体动手操作的机会，让每个学生都有机会探究自己感兴趣的数学问题，最大限度地满足每一个学生的发展需要，最大限度地开启每一个学生的智慧潜能，鼓励学生发展自己的学习策略，主动合作与交流，使学生学会学习、学会做人、学会生活，让学生充分感受数学学习的内在魅力。

把课堂还给学生，需要尊重和培养学生的独立性。自主学习的实质就是独立性，独立性是自主学习的基础和根本。教师要把学生视为不以自己的意志转移的客观存在，当作具有独立性的人来看待，使自己的教育和教学适应他们。同时，教师需要正确引导学生发挥自己的独立性、充分发展自己的独立性，从而有力地培养学生独立学习和独立解决数学问题的能力。

3. 评价应该着眼学生的能力发展，让学生成为未来进步的主体

在"以人为本"的理念下，数学课堂教学中的评价环节应着眼于学生的能力发展，而不仅仅关注数学知识的掌握情况。通过科学的、发展的过程性评价，可以让学生了解自我认知水平、基本技能及综合能力的提高程度。同时，教师评价还可以反映教师的教学水平、教学能力和教学效果。

数学课堂的教学评价，应该把学生的人的发展放在最重要的位置上，应该基于学生多种能力的培养与发展，把握好一些基本的能力标准。只有在

"以人为本"的理念下，采用过程性和发展性的评价，才有利于把握现代教育的本质和评价的意义，落实"以学生发展为本"的理念，培养学生"终生发展"的能力，让学生成为未来进步与发展的主体。

三、学生主体地位对于数学教育教学发展的影响、价值和意义

素质教育是我国当前教育发展的主流观念。数学作为自然科学基础学科，具有很强的概括性、抽象性和逻辑性，是必不可少的基础学科，对发展学生智力、培养学生能力，特别是在培养人的思维方面，具有非常重要的意义。在数学课堂教育教学实践中，学生主体地位的确立，能够提高教学效果，达到教学目的，更重要的是能够增强和发展学生的数学思维能力和习惯，让学生学会学习、学会思考、学会发展，提高其数学文化修养，促进学生的全面进步。

1. 学生主体地位的确立，是我国教育观念的一大进步

教育的根本目标就是为了培养人和发展人。"以人为本"理念下学生主体地位的确立，意味着教育观念回归到教育的价值原点。同时，它也符合世界教育发展的潮流，是我国教育观念的一大进步。

2. 学生主体地位的确立，能够促进学生生命的全面主动发展

生命个体成长和发展的根本动力是自我发展需求，学生主体地位的确立，就是正确认识到了生命成长的规律与要求。只有学生作为人的生命主体性得到认可和尊重，才能真正实现生命的全面主动发展。

3. 学生主体地位的确立，能够促进数学课堂教学效果的提升

课堂教学是教育最重要和最根本的途径，学生在课堂教学中主体地位的确立，有利于发展学生的学习主动性，从而有效地提高教育教学的效果和效率。

在新课标下，小学数学课堂教育教学要"以人为本"，要面向发展，让

每个学生都能积极主动地参与到学习过程中。教师作为课堂教育教学的组织者和引导者，应该认识到学生主体性地位的重要性和必要性，通过合理的途径和方法，促使学生成为学习活动的主体，实现学生健康成长和课堂效率提高的双重目标。

第三章
小学数学兴趣型教学课堂的构建

　　"兴趣是最好的老师。"对小学生来说，兴趣在很大程度上决定着课堂教学的效率。小学生的身心特点决定了他们的注意力只能保持二十分钟左右的集中状态。教师必须通过激发学生的兴趣，构建兴趣型的课堂教学，才能真正引领小学生关注学习，才能够取得较好的教学效果。兴趣，是小学教学的重要因素。

　　在教学规律中，有这么一句古训："知之者不如好之者，好之者不如乐之者。"在小学数学教学中，更是应该如此，因为数学不仅仅是培养学生的数学知识和数学技巧，更要培养学生的数学素养和探索精神，"乐之"才是能够将学生的数学探索精神开发和维持的最好途径。随着教学改革的深入，我认为，数学课堂教学应该变得更自由、更灵活、更快乐，让学生始终在愉快的状态下积极地学习数学。而引导学生进入快乐的数学课堂学习，让他们成为学习的主人，主动地学习和探索，一直是我的目标。

第一节　小学数学兴趣课题建构三大指导性要素

新课标明确指出："学生是学习的主人，教师是数学教学活动的组织者、引导者和合作者。"教师角色的转变，使学生真正成为学习的主人，体现了数学课程改革的基本理念，这条原则也应该成为课堂组织的基本原则之一。新一轮基础教育课程改革倡导"以学生发展为本"，实现"人人学有价值的数学""人人都能获得必备的数学""不同的人在数学上得到不同的发展"。要达到这一目标，就必须在课堂教学构建中注重以下三点。

一、基于新课标提升教学理念

教学理念必须与新课标相适应，这是理论基础的准备和提升。在人类历史上，任何改革必须先进行观念革新。只有观念更新，才能有行为的转变。在教育方面亦是如此。近年来，教育思想和理念不断更新和进步。如果小数数学教师仍抱着陈旧的教育理念教育孩子，在理论基础上就已经落后了，自然也就跟不上时代了。没有教育观念的变革，即使是某些教育行为上的转变，也只能是机械的模仿，是零星的、不成系统的，所取得的教育效果自然有限。基础教育课程改革要求转变教学观念，变革教学行为。

1. 教师身份的变革

教师是教学活动的组织者、引导者和合作者。在过去，教师是教学活动的核心元素，学生处于一种被动学的地位。在新课标中，教师应该在"数学教学活动必须适合学生的认知发展水平"的基础上，创设"建立在学生的主观愿望和知识经验的基础之上"的生活情境，激发学生的学习积极性，让学生主动参与到学习活动之中。在数学教学活动中，教师"应向学生提供充分的从事数学活动和交流的机会"，参与合作寻求解决问题的方法；"帮助学生在自主探索过程中真正理解和掌握基本的数学知识与技能、数学思想和方法，同时获得广泛的数学活动经验"，促使"不同的学生在数学上得到不同的发展"，使所有学生都能体验成功的喜悦，感悟学习数学的乐趣。

2. 学生的学习方式和身份的转变

学生不仅成为学习的主人，而且从被动接受的学习方式转变为主动探索的学习方式。在传统的教学活动中，"讲数学""听数学""练数学"的学习方式最为常见。学生通过反复的训练，获得一定的解题能力，也累积了一定的知识量。但是，学生缺乏创新精神和实践能力，没有自我学习和进步的能力，被动地被教师牵着走，一旦放手就会停下来或者迷失方向。"有效的数学学习活动不能单纯地依赖模仿与记忆，动手实践、自主探索与合作交流是学生学习数学的重要方式。"这就需要教师鼓励学生用眼观察、动手操作、动脑思考、发现和掌握数学知识，给了学生学习自主权，让学生成为学习的主人。

3. 教学评价标准的变化，从单一的成绩评价方式转为多元化评价体系

传统的教学评价注重评价的甄别和选拔功能，一个简单的成绩表就可以决定一个学生的情况。这种评价标准过于单一，不利于客观、全面地评价一个正处于成长中的学生。新课标明确指出："评价目标多元化，评价方式多样化。"评价"注重学生数学学习过程，多用激励性评价"，"评价要关注学生的个性差异，保护学生自尊心和自信心"，对于不同学生的不同教师需要采用不同的评价方式。每一个学生都是多面体，他们拥有多元发展潜质和能力。即便是数学这门功课，不同的学生也可以发展出不同的能力水平。因此，采取多元评价体系的方式自然更加公平和客观，也更有利于学生的健康成长。

二、建立"以学生发展为本"的教学目标

教学目标转为强调"以学生发展为本"，这是课堂教育教学方向上的战略调整。新时代为教育改革带来新的契机。现代教育衡量一个好教师的标准不再是传授知识的多少，而是你是否"以学生发展为本"，培养学生自主发现问题、解决问题的能力，是否注意培养学生终生学习的能力；保护和启迪学生的好奇心与创造意识，提高学习积极性，使学生对学习产生兴趣，从而学到更多的知识。为转变过去只重知识传授的教学，新课标提出了知识与技能、过程与方法、情感态度与价值观三位一体的教学目标。小学数学教学要重视培养学生的创新素质，关注他们在未来的社会里生存、学习，关注他们未来的发展。数学在社会各个领域中使用非常广泛，数学思维和数学能力的好坏与学生的未来有很大的联系。小学数学教学是否以学生的未来发展为本，对于学生未来的发展是至关重要的。

小学数学教学不仅是为了提高学生的基础知识和基本技能，还使学生在学习数学知识的过程中，获得基本的数学思想方法和应用技能；体会数学与人类社会生活的密切联系，体验数学的价值，加深对数学的理解，对学习数学产生浓厚的兴趣，从而树立学好数学的信心和决心。要让学生在充分的感性认识的基础上完成数学抽象思维的逐步形成，让不同水平的学生都有所发现、有所认识与提高，使学生对数学产生浓厚兴趣，体会数学语言的简洁美、数学的抽象美。

在小学数学教学中，要想做到以学生为本，教师必须在五个方面下功夫：

一是注重培养学生良好的学习习惯。成功的教育要从习惯的养成开始，

如果养成了良好的学习习惯，就是一辈子的精神财富。

二是注意引导和训练学生进行研究性的数学学习。只有深入研究，才能真正领略数学的乐趣，才能真正感受到数学世界里的美感。小学生虽然还不能完全理解数学世界里的精彩和美，但是教师要注重引导学生通过研究来领略数学之美，哪怕是朦胧的。

三是注重合作与交流。合作与交流一直是我国数学界学术发展的短板，但合作与交流在数学发展历程中却很重要。因此，小学数学教师要注重培养学生合作与交流的精神。

四是培养创新意识。创新是21世纪所具有的时代特征，然而，创新意识的培养不是一句口号，而应是从小抓起。在小学数学教育中，应注重培养学生的创新素质，这也是数学教育本身发展的需要。

五是培养学生运用数学联系生活常识的意识。考虑到小学生的身心特点和知识结构，并且根据小学数学教材的内容体系，还应注重培养小学生学习数学知识时要主动联系生活常识的意识。

三、从现实生活获取课程资源

课程内容和资源，应该来自现实生活，以学生的真实生活体验为基础。与传统小学数学教材的内容进行对比，传统教材更注重知识点的编排，内容也大多比较单一，跟生活实际联系并不紧密。新课标在小学数学教材内容上做出了重大变革：重视学生的生活经验，密切关注数学知识与生活常识的联系；确立学生的主体地位，创造良好的课程环境；倡导多样化的学习方式，培养学生的创新意识；关注学生的情感体验，创造宽松和谐的学习氛围。为了让学生感受到数学源于生活，所学的数学知识都必须是现实生活中实际存在的。所以，每一小节数学知识的出现，教材都提供了具体的生活情境，让学生在具体的情境中提出数学问题，在解决问题的过程中获取数学知识。为了"不同的人在数学上得到不同的发展",教材提供了大量的让学生动手操作、自主探索、合作交流的素材,让学生结合切身实际,去探索生活中的数学知识和数学问题。新教材中这方面的内容安排没有固定的答案和范式,却可以让所有学生都参与其中,获得各自关于数学知识的现实理解。

教学是教师和学生积极互动、共同发展、相互交往的一种活动,而教材给我们提供的只是表态性教学素材,它不是唯一的课程资源。再加上教材编写过程中受到篇幅的限制,教材编写人员与学生所处地域往往不同。因此,一套教材所提供的各种素材并不是所有内容都适合每一位学生。所以,教师在课堂教学中要"用好"教材,而不是单纯地"教好"教材。在设计教学的过程中,教师要灵活运用教材,开发和利用校内外一切有利于教学活动的课程资源。例如,在教学"分类"时,教师应充分利用校内课程资源,从学生的生活实际出发,扩大取材范围,增加学生熟悉的玩具、书、衣物等,为学生提供更广泛的思考空间。同时,向学生展示"有大堆零乱物品"的场景,使学生自觉产生要收拾、整理的愿望,从而引出课题,渗透分类思想。比如,城市里的孩子就可以由教师带着进入超市,观察超市里商品的分类;农村里的孩子就可以由教师带着进入田野,看动物和植物的分类。只有从学生真实的生活体验出发,才能让学生感受到生活中处处存在分类,明白学习分类的必要性,使学生对学习分类知识产生浓厚的兴趣。课堂上,教师可以组织学生一起动手整理教室。小学生在具体参与整理的过程中,就会对于分类的标准和原则有一个具体化的了解,这样学到的知识才是深刻而又具体的。总之,我们在小学数学教学中,教学内容选编和安排应该更加贴近小学生可以理解的基础范围。在讲述具体的数学知识时,应从生活经验入手,通过多种形式,创设有意义的、富有挑战性的、激励性的问题情境,最大限度地启发学生学习的内在动力。在动手实践中,学生能体验到"学数学"的乐趣,获得真实、快乐、熟悉的学习体验。

上述三个方面是一个整体，紧密结合，互相促进。小学数学教师在构建数学课堂的时候，一定要将这三个方面的因素通过有机的方式组合起来。只有这样，才能构建一个既符合新课标要求，也符合教学规律和学生学习规律的课程。

第二节　自主学习是构建兴趣型教学课堂的基础

学生在自主学习数学的过程中，会产生一种积极的情感体验，对于促进学生的学习动机和激发学生的学习兴趣，并逐渐形成学生终身学习的爱好和良好的学习习惯，都是十分有益的。我认为，要想让学生做到自主学习，可以从如下几个方面着手。

一、让学生说说自己的想法

新课标告诉我们："促进学生全面、持续、和谐的发展，是小学教育阶段数学课程的基本出发点。"这一理念包含三个要点：关注发展，关注每一个学生的发展，关注每一个学生全面、持续、和谐的发展。然而，教学并不等同于发展。要求教学促进每个学生的发展是一回事，实际的教学是否促进了每一个学生的发展却是另一回事。不仅如此，教学不但不等同于发展，而且教学也并不是总对发展起促进作用。更直白地说，教学可能促进学生的发展，也可能妨碍和阻滞学生的发展，成为泯灭、压抑、摧残学生发展的力量。实际上，只有那些能激发学生强烈的学习需要与学习兴趣的教学，只有那些能给学生足够的自主空间和活动机会的教学，只有那些能引导学生展开深刻的思维活动的教学，只有那些能使学生获得积极的、深层次体验的教学，才能真正有效地促进学生的发展。

从创设自主的课堂这一角度，我们就可以想到以下几点：

第一，要创建自主学习的课堂，必须营造平等、民主、宽松、和谐的课堂氛围。我们看到的是教师的高高在上、教师的话语霸权、教师对课堂的主宰。教师应该认识到，学生是数学学习的主人，是有着独特的生活经验和知识基础的学习者，是数学知识的自主建构者，而教师是数学学习的组织者、引导者和合作者，数学教学活动应该让学生充分进行思考和交流。

第二，自主的课堂应该是鼓励独立思考的课堂。自主学习的核心是独立思考，没有独立思考的学习不是自主学习，甚至不是真正的学习。不知起于何时，我们的许多学生变得异常乖巧懂事。他们总是那么谨小慎微，总是悄悄地看着教师的脸色，生怕说错了什么话，触犯了教师的尊严，惹教师生气。久而久之，学生的个性在揣测中逐渐消磨，思维在禁锢中逐渐僵化，灵性在拘束中逐渐消失。这不能不说是我们教育的一种悲哀。

第三，学生的独立思考能够提供鲜活的、宝贵的、难以替代的教学资源，是使自主的课堂有效运行的关键因素。自主的课堂是能让学生自主学习的课堂，是能让学生独立思考的课堂。一个班几十个学生，如果人人喜欢独立思考，个个善于独立思考，我们的课堂必然是精彩纷呈的，学生在课堂上的收获必将是丰盈的、全方位的。

二、让学生通过自己的思维学习数学

数学规则反映的是几个数学概念之间的关系。因此，数学规则的学习层次和复杂程度都高于概念学习。规则作为一种智慧技能，其学习的实质是能用大量的例证来说明规则所反映的关系，以及能在规则适用的情境中运用规则来解决问题。简单地说，就是对规则既要理解，又要会用。规则学习有两种基本方式，即规则的接受学习和规则的发现学习。

1. 让学生运用自己的思维学习数学

我国小学数学教育专家指出，数学学习的本质是学生获取数学知识，形成数学技能和能力的一种思维过程。"思考"是学生学习数学过程中的本质特点。学生的数学思维是对自身活动的反思，是对已有经验的反思。学生的数学学习取决于学生自己做了些什么、说了些什么、想了些什么，而不是教师做了些什么、说了些什么、想了些什么。

富有挑战性的问题，激发了学生思考、参与的积极性。在小组活动的基础上，全班范围的交流又为学生提供了更为丰富的思维材料。多种多样的例证、学生自己的语言解释，有效地拓展了学生思维的广度和深度，激活了相关的旧知识，从而为学生发现问题、理解问题、解决问题奠定了坚实的基础。数学学习是学生自主建构的过程，是学生"再创造"数学的过程。这一过程必须由学生自主完成，教师只能帮助学生完成，而不能代替学生完成。所以，要改变教师用一连串暗示性的、填空式的小问题牵着学生走的现象，在学习中为学生留出充分的思维空间和时间，让学生在已有生活经验和认知结构的基础上，亲自动脑、动手、动口，将新的学习内容与原有的相关知识建立起实质性的联系，使他们不仅学会当前要学的内容，而且使数学思维能力得到充分的发展。

2. 让学生通过自己的探索学习数学

有效的、真正的学习都是自主学习，而自主探索是自主学习的核心，它是让每个学生根据自己已有的知识和经验，用自己的思维方式，自由、开放地去探索，去"再发现""再创造"数学的过程。教师要注意换位思考，多站在学生的角度上想一想，对于重要的、关键的、易混淆的内容，要通过富有挑战性的、开放性的问题情境，激发学生积极参与、积极思考；要注意让新的信息与学生的认知结构亲密接触，让学生表达自己的真实想法，让学生真正成为学习的主人。

应该先让学生自己动手、动脑来解决，而不是教师和盘托出答案；要求学生探索的问题，应该富有挑战性，对学生具有真正的探索价值，从而使学生的成功是经过努力后的真实的成功，而不是唾手可得的廉价的成功。别人硬塞给学生的成功是伪成功，而学生通过自己努力争取来的成功才是他们最珍视的真成功！

我们知道，自主学习就是建立在自我意识发展基础上的"能学"，建立在学生具有内在学习动机基础上的"想学"，建立在学生掌握一定的学习策略基础上的"会学"，建立在意志努力基础上的"坚持学"。要使学生逐步达到自主学习，在日常的教学中，教师既要注意建立民主、平等、和谐的师生关系，也要多给学生提供思考的机会，使学生通过自己的思维学习数学，通过自己的探索学习数学。

三、自主建构与学习的条件

著名教育心理学家加涅认为，有效学习需要一定的条件。这些学习条件包括内部条件和外部条件两个方面。学习的内部条件，是指先前的学习结果从学习者的记忆中恢复起来的状态。

理论研究和实践经验都告诉我们，学生的生活经历、知识基础、思维方式存在着很大的差异。作为学生数学学习活动的组织者、引导者和合作者，教师应该正视这种差异，关注每一个学生头脑中的"数学现实"，关注学生学习的内部条件。

学习的内部条件可分为两种：一种是基本先决条件（必要条件），是指学习者在完成一项学习任务时必须具备的某些特定知识、技能。这些知识、技能将成为新的学习组成部分，缺乏这些知识、技能，新的学习将不能出现。另一种是思维发展条件（拓展条件），是指学习者在完成一项学习任务时需要的一种拓展性思维和能力。这些思维和能力将会推动学习向着更深的层次发展，如果缺乏这些条件，学习将会陷入无效的困境，无法深层次推进。

教师的教是为学生的学服务的，是为学生的发展服务的。教师既不能超越学生的数学现实，想当然地增加教学内容的数量，提高其难度；也不能落在学生的数学现实的后面，只图轻松顺利，而不管学生的真实收获。

怎样的课才算是一节好课？不少教师把"教学过程顺利，学生表现出色"作为评价的标准，却往往忽视了现象背后的深层追求（学生通过这节课到底有多少收获？学生的思维是否得到有效的提升？），因而教师在目标定位时也常常是仅满足于最基本的要求，停留在较低的层次上，加之在课堂上没有根据现场情况进行适时调整，从而出现了表面一切顺利，但教学落在学生的数学现实后面的情况，降低了教学效益，延缓了学生的发展。为了改变这种情况，教师既要研究各部分教学内容的学习条件，为学生的自主顺利建构打好基础，又要认真研究学生的数学现实，特别是研究随着教学的进展，学生的数学现实所发生的变化，以便使得自己的教学既立足于学生的数学现实，又能有效地促进学生的发展，特别是有效地促进学生思维的发展。这无疑会提升学生的思维层次，使学生进行更多的有价值的思考，增加学生对数学积极的情感体验。同时，也使学生能进一步认识各种知识的特征，为后续学习奠定坚实的基础。

四、善待学生数学学习中的错误

教是为学服务的，学生在学习的过程中必然会出错，这是毫无疑义的。正因为如此，才需要教师的帮助和引导。如果学生学习中不会出错，教师也就没有存在的必要了。我们要培养学生的自主学习意识和能力，就必须善待学生学习过程中的错误。这里的"善待"有两层含义：一是教师要既宽容又善良地对待学生学习中的错误；二是教师要研究，善于对待学生学习中的错误。

1. 对学生数学学习中的错误，教师要学会宽容

在学习中出错，是学习者的权利，是学生的权利，更是小学生的权利。

教师、成人在学习中尚且会出错，对于认知发展水平还较低的小学生来说，在学习中出错就更是正常现象了。另外，每个学生都有自己的生活背景、家庭环境、特定的生活与社会文化氛围，这就导致了不同的学生有着不同的经历、不同的思维方式、不同的兴趣爱好、不同的发展潜能。不同学生之间的差异是永远存在的，在学习数学方面差异往往更为明显（加德纳的多元智能理论就证实了这一点）。正因为如此，在学习同一个数学内容时，学生既有在复杂处出错的可能，也有在简单处出错的可能；既有一次出错的可能，也有多次出错的可能。学生甲在此处不出错，学生乙有可能在此处出错；多数人在此处不出错，少数人有可能在此处出错。要允许不同的学生用不同的速度、不同的方式学习数学，允许不同的学生在数学方面得到不同的发展。新课标力图最大限度地满足每一个学生的数学需要，最大限度地发展每一个学生的潜能，其中很重要的一点就是特别关注在数学学习上能力不足或暂时有困难的学生，要让所有学生都达到基本要求。要实现这一点，教师就要宽容地对待学生的错误。当学生出现错误时，教师不要大声呵斥，不要漠然置之，不要让大红的叉和讥讽的语言扑灭他们心头想学好数学的希望之火，而应该以平等、信任的心态尊重他们，小心翼翼地呵护他们的情感，热情地鼓励他们树立学习的信心。

宽容对待学生数学学习中的错误，有利于创造民主、平等、和谐的数学学习氛围，学生在宽容、理解、安全的心理环境下，数学思维会更活跃，学习效率会更高，更容易形成良好的数学学习体验，也利于培养起学习数学的自信心。反过来，冷漠、苛刻地对待学生学习中的错误，会抑制学生学习数学的兴趣，使他们对数学学习产生不良的情绪，降低他们学习数学的效率，进而加大他们学习数学的难度。

2. 对学生数学学习中的错误，教师要学会研究，善于对待

学生在数学学习中出现的错误，都不是空穴来风，必然有其原因。错误和原因之间的关系是复杂的，原因或浅或深、或明或暗、或内或外，可能多个原因导致了一个错误，也可能一个原因导致了多个错误，正所谓"正确的思路也许相似，错误的思路则各有各的不同"。因此，教师对学生数学学习中出现的错误要认真研究，研究错误产生的原因，研究引导学生纠正错误的方法，做到善于对待学生数学学习中的错误。

错误是一朵美丽的浪花。教师在数学课堂上要善于捕捉这类美丽的浪花，把它们当作宝贵的课程资源，在弄清错误产生原因的基础上，耐心、细心地引导学生纠正错误，力争使错误的价值达到最大化。

有时，对于学生出现的错误，教师不必直截了当地去纠正，可以将错就错，不动声色地给学生提供"自我反省""自我否定"的机会，使学生在不知不觉中发现错误、改正错误。

善于引导学生纠正数学学习错误的教师，常常能收到"纠错一个，受益一片"的奇效。

有一次，在课堂教学中，李明回答一个问题连续错了两次。我没有批评他，反而一直用微笑鼓励他，帮助他找出回答错误的原因。这样一来，他不仅培养了敢于思考的自信，而且养成了主动积极反思的好习惯。

总之，为了在数学教学中有效促进每一个学生的发展，为了培养学生自主学习的意识和能力，教师要能宽容、善良地对待学生在数学学习中的错误，要认真研究、善于利用学生的错误，真诚、不露痕迹地帮助学生改正错误，让每一个学生真正体验到学习数学的快乐！

五、如何培养小学生学习数学的兴趣

学习是学生的主要任务。如果学习完全来自外在的要求，那么学习就会成为学生的一种负担、压力，学生的体验就是无奈的、痛苦的，而苦学是一种不能持续的学习行为。如果学习来自内在的需求，它就会成为一种欢快的、愉悦的活动，学生的体验就是幸福的、快乐的，乐学才是一种可持续性的学习行为。让学习成为学生的一种精神需要，而不是一种外在压力，改变学生的学习状态和学习体验，使学生从"受逼"学习的状态中彻底解脱出来，让学生变得爱读书、爱学习，是课程改革的头等大事和教学改革的首要任务。

研究表明，小学生的数学学习兴趣具有如下特点：从对数学学习过程或活动本身感兴趣，逐渐转向对学习的内容或需要独立思考的学习作业感兴趣，即从直接兴趣逐步转向间接兴趣；小学生对具体事物和经验具有浓厚的兴趣，同时对抽象的因果关系的兴趣也在逐步发展；小学低年级学生对通过游戏方法了解数学学习很感兴趣，但中年级以后，游戏对数学学习兴趣的激发作用逐渐降低。

新课标指出："学生数学学习的内容应该是现实的、有意义的、富有挑战性的，这些内容要有利于学生主动地进行观察、实验、猜测、验证、推理与交流等数学活动。"教材中画角的步骤是静态陈述的一种结论，怎样激活教材，使教学过程呈现生动、多样、富有生命活力的形态，成功案例中的教师采用了创设认知冲突情境、开放探索时空、激发学生学习兴趣的方法。

认知冲突往往会使人处于一种内部失调状态，而这种内部失调是促使人们解决问题的重要动力。学生在学习过程中一旦陷入矛盾、冲突的认知情境中，求知欲便会大大增强，学习兴趣也会大为提高。

苏霍姆林斯基曾说："在每个学生的心灵深处，都有一种根深蒂固的愿望，即想成为一个探索者、研究者。"美国数学教育家波利亚指出："学习任何知识的最佳途径，都是由自己去发挥、探索、研究，因为这样理解才更深刻。"探索改变了机械操作的局面，给课堂开创了新的天地，学生享受到了自主感悟、发现、创造的成功与快乐，教师也因学生的智慧、创新而惊喜，教学过程因此充满生命的活力。

第三节　合作学习是构建兴趣型教学课堂的策略

合作学习是针对教学条件下学习的组织形式而言的，与之相对的是"个体学习"。有学者指出，从本质上讲，合作学习是一种教学形式，它要求学生在由4至6人组成的异质小组中一起从事学习活动，共同完成教师分配的学习任务。在每个小组中，学生通常从事于各种需要合作和相互支持的学习活动。

合作学习的基本要素是：积极地相互支持、配合，特别是面对面促进的互动；积极承担共同任务中的个人责任；小组成员之间进行有效的沟通，建立并维护成员之间的相互信任；对于个人完成的任务进行小组加工；对共同活动的成效进行评估，寻求提高其有效性的途径。在这里，合作的动机和责任是合作学习取得良好效果的关键。

合作学习是新课标所倡导的一种有效的学习方式。在以班级授课制为主的教学组织形式下，采用小组合作学习的形式，首先，它可以极大增加学生参与数学学习活动的机会，提高学生参与数学学习活动的程度。因为小组内有分工、有责任，大家都必须发言。在这种全员参与中，每个成员都可以得到锻炼。同时，也活跃了气氛，提高了学生的学习兴趣，促使学生真正成为学习的主人。

其次，采用小组合作学习的形式，可以改善传统的师生单向交流的方式，促进学生之间多向互动地交流，使得每个学生都有表达自己观点和了解他人想法的机会。由于同一年龄阶段的学生思维水平、认知能力等方面都比较接近，合作学习可以促进学生对问题的理解，有助于因材施教，弥补一个教师面向有差异的众多学生进行教学的不足，从而有利于实现使每个学生都得到发展的目标。同时，个体间的差异在合作学习中是一种重要的教学资源。层次较高的学生得到了锻炼，因为他们的意见多数被肯定，而层次较差的学生也在互补、纠错、完善中得到了提高，因为他们许多虽然不对，但真实的想法被暴露后，可以得到同伴和老师的具体帮助，学习的实效比过去更好。所以，有效的合作学习可以达到集思广益、取长补短、共同进步、协同发展的目的。

再次，当今社会，既充满竞争，很多工作又需要团队协作方能完成，而合作学习既有组内的合作，又有组间的竞争。因此，有助于培养学生的合作精神和竞争意识。

最后，由于合作学习中有学习者的有效参与、高密度的交互作用和积极的自我概念，因此合作学习过程既是一个认知过程，也是一个交往与审美的过程。

合作学习的一般操作程序可分为四步：教学前的决策，包括明确具体的目标、划分小组、指派角色、准备学习材料；讲解任务与合作关系，包括讲解学习任务、确立积极互助关系、确保人人尽责；督促与干预；评估。

虽然合作学习是一种有效的学习方式，但是在现实的课堂实践中，仍存在着许多不容忽视的问题：一是有合作学习的形式，没有合作学习的实质，表面热热闹闹，实际高耗低效。二是问题选择不当，或者难度太小，答案现成，人人都会；或者难度太大，苦思冥想，谁也不会；或者宽泛无边，雾里看花，无法捉摸。三是合作前独立思考不够，合作交流时间不足，一节课合作次数过多；组内成员平等意识不够，参与程度不平衡。

为了有效地组织学生开展合作学习，教师在教学中应该注意以下几点。

一、组建结构合理的合作学习小组

合作学习小组成员的组成应遵循"组内异质、组间同质"的原则。其中，"组内异质"是指将男生和女生、学习较好的学生和有一定困难的学生、性格外向的学生和性格内向的学生分到一起，使得小组成员具有差异性和多样性。这就为合作学习提供了基础，便于合作。"组间同质"是指使各个小组的整体水平基本平衡，以有利于组间的公平竞争。每个小组的人数为2—8人不等，小组里边可以套更小的小组，每次合作具体应用几人小组，应该根据当时合作学习的需要来确定。

学习小组的成员应相对稳定，并有适当分工，如谁组织、谁记录、谁代表小组发言，代表发言时其他成员干什么。每个小组成员必须明确各自承担的角色，明确所承担角色的责任。当然，角色还应经常轮换，以便让各个成员都有机会担任不同的角色，明白各个角色的责任和义务。要让学生明确，在全班交流中，只有中心发言人，没有小组长，而且中心发言人应该轮流担任。这样做的目的是在合作学习中消除权威，体现地位平等与机会均等，培养学生平等合作的意识。中心发言人的发言代表的是小组而不是个人，师生对中心发言人发言的评价不是对其个人的评价，而是对该小组的评价。

合作学习必须给予足够的时间，以保证每个学生在小组中的充分交流和表现。如果时间太短，就不会有实质性的合作学习。例如，问题提出后，只给了1分钟的合作学习时间，一个小组的6个学生无论如何都不可能有交流的机会。总之，教师应该通过切实的指导和训练，让学生掌握合作学习的操作常规，使学习小组成为一个利益共同体，各成员形成凝聚力，为小组的共同利益而努力，促进各成员的共同发展。

二、选择恰当的合作学习任务，把握适当的合作学习时机

合作学习不是为了合作而合作，合作学习要取得实效、高效，必须从具体学习内容的需要出发，必须从本班学生的实际需要出发。因此，教师要

在教学设计时，通过对学习内容的任务分析和学生实际的研究，预设具有一定的挑战性、开放性、探索性的问题作为合作学习的问题，然后在课堂教学中，通过观察学生的实际表现，把握合作学习的时机，适时提出恰当的合作学习问题。例如，学生个人独立操作时间不足或难以完成；多数学生独立思考会出现较大困难；学生的看法、解题思路等出现争议；多数学生不能独立全面解决问题。只有多数学生对合作学习的任务很明确，感到需要合作时，合作学习才可能是高效的。

三、引导学生有效地开展合作学习

在合作学习的过程中，教师不应该是旁观者，更不应该是局外人。教师要积极发挥组织者、引导者、合作者的作用，深入每个小组，认真观察各小组成员的表现，倾听大家的发言，适时地与小组成员进行交流。具体来说，教师应注意以下几点：

第一，教师要在合作之前让学生有足够的时间独立思考，形成自己的想法。合作学习离不开交流，而交流的基础是小组成员有各自独特的想法，而这就需要独立思考。如果大家的想法都一样，交流就失去了意义，学生也没有参与的积极性。不以学生的独立思考为基础的合作学习，往往是低效甚至无效的。

第二，教师要营造宽松民主的学习氛围，鼓励学生大胆说出自己的想法。说不完整不要紧，可以再补充。说错了也没有关系，可以再修改。

第三，教师注意引导学生学会表述自己的想法，要教给学生一些基本的启动、推进、终止交流的说话方法。例如，"我的想法是这样的""我对你的想法有一点补充""我有一个问题想听听大家的意见""我的看法就是这些"等。

第四，教师要引导学生学会倾听。就目前的实际情况而言，这一点显得特别重要。教师应在小组合作学习之前和进行的过程中适时提示学生，别人说的与自己想的一样吗？如果有不同，不同在哪里？自己有什么补充吗？他的意见自己同意吗？能用自己的话复述吗？同时可以经常用"谁听懂了他的意思""谁愿意解释一下他的发言""谁对他的发言还有补充"等问题引导学生注意倾听，感受倾听的重要。

第五，教师要引导学生学会讨论。讨论是合作解决问题的关键，对于要共同解决的问题，小组内要集思广益，互相补充，逐步完善。在这个过程中，要求学生学会有序发言，保证每个成员都能表达意见，都能听清别人的发言。当彼此观点冲突时，既要善于倾听不同的声音，又要能对发现的问题提出质疑；当别人对自己的观点有疑问时，要耐心地做出解释。

第六，积极融入，适度引导。合作交流的过程是学生思维碰撞的过程，时常会有思维的火花闪现。这种火花既可能是一种独具特色的解法，也可能是一个富有创意的想法，或者是一句富有哲理的话。它们都是转瞬即逝的宝贵的教学资源。教师要在观察和倾听中努力去感受和捕捉，并加以利用。同时，在合作学习的过程中，学生时常会出现思维受阻的情形。这时，就需要教师适度点拨，帮助学生排除障碍，把思维导向深入。

第七，注重合作学习的评价，提高合作学习的效率。评价时，要把过程评价与结果评价相结合，侧重过程评价；要把对小组的集体评价与对小组成员的个人评价相结合，侧重集体评价。没有合作学习的过程，合作学习的结果就失去了基础。所以，侧重过程评价可以引导学生更加关注合作学习的过程，更加积极地投入合作学习的过程中，进而提高合作学习的实效。没有合作学习小组这一集体，合作学习就不存在了。所以，侧重集体评价有利于小组成员认识到小组是一个学习共同体，激励各个成员参与的积极性。当然，在对集体评价的同时，也要对各成员有适当的评价，避免少数成员形成依赖思想。评价时，既要注意从正面评价，多鼓励、多表扬，也要对发现的问题及时干预。例如，如果发现有的小组成员不能认真参与交流，做与合作学习无关的事情，或者个别小组交流应付差事时，教师就要及时加以引导和纠正，提出明确的改进要求，确保合作学习有效开展。

四、如何确定合作学习的问题

合作学习离不开交流，但交流应该是必要的、有效的。这种交流，学生的参与度似乎很高，课堂也显得活跃热闹，但仔细分析学生的发言，不难发现"热闹"之下掩盖着做作的成分，充满浓浓的迎合教师的味道，学生的真正收获并不多。

教是为学服务的，教师是为学生服务的。没有学，教就不可能存在；没有学生，教师就失去了意义。所以，教师应该从促进学生的发展这一根本目标出发，精心选择、确定开展合作学习的问题。一般来说，有以下几类适宜作为合作学习的问题：

一是学生个人独立操作时间不足或难以完成的问题。限于小学生的认知发展水平，学生个人做出的判断与预测很需要在交流中进行修正、补充、提升。所以，在这种情况下，就有必要开展小组合作学习。通过合作学习，既能保证教学任务的完成，更能使学生在较短的时间内获得大量信息，大大提高学习效率。同时，能让学生真正体会到合作学习的意义。

二是多数学生独立思考会出现困难的问题。在学生需要解决的问题中，不少都具有一定的挑战性，在自主探索中多数学生将会遇到一些困难。当学生几番思索仍不得其解时，组织学生开展合作学习的问题就明确了。这时，教师应组织学生开展合作学习，鼓励学生之间交流想法，进行讨论。教师再适时进行引导，使学生亲自经历共同探索、合作交流的过程，往往可以使学生的问题得到更好的解决。同时，获得数学学习成功的体验。

三是学生的看法或做法较多、差异较大的问题。学生的生活经验、思维方式和认知水平是有差异的，面对同一个问题，他们的思考方法、解题策略往往各不相同，这些个性化的方法和策略是最有价值的活生生的教学资源。在教学中，教师要注意抓住这样的时机，组织交流，鼓励学生大胆地把这些方法和策略展示出来，让智慧在交流中生成、让思想在碰撞中升华、让学生在合作交流中获得更好的发展。

四是多数学生不能独立全面解决的问题。有的数学问题，由于其本身的复杂性或开放性，以及受学生认知水平的局限，单靠学生个人往往难以得到完整、全面的解答，这类问题也适宜安排小组合作学习。积极思考，合力探索，互相启发，修改完善，达到了不同个体优势互补的效应，促进了不同层次的学生思维的提升，充分彰显了适当的合作学习的良好带动作用。

对学习内容的深入分析，对学生情况的准确把握，是确定是否适合进行合作学习的基本前提。在课堂教学的现场，教师对学习进程和学生需要的正确判断是决策合作学习的时机的根本，因为只有当多数学生感到需要合作时，合作学习才可能是高效的。鼓励不同的观点，并恰如其分地切入学生的争论，使组织的过程成为教师参与学生讨论的过程，才能实现在合作中的恰当引导，合作学习才能健康地开展起来。

五、学生的需要是合作的真正动力

在小学数学教学中有许多数学活动是需要学生共同合作才能完成的。例如，学习圆周长的计算，以小组为单位进行合作测量、计算圆的周长与直径的关系，得到各个圆的周长都是直径的3倍多一点儿。这时，数据越多，越能说明圆的周长与直径的比值是一个定值，进而引出"圆周率"这个概念。又如，统计教学，目的是要让学生参与到统计学习的全过程中：发现并提出问题，运用适当的方法收集并整理数据，运用合适的统计图、统计量来展示数据、分析数据、作出决策，对自己的结果进行评价与改进，进而使学生经历数学概念产生的过程、数学方法发现的过程和数学思路探索的过程，认识到数学来源于实践，感受数学的应用价值。要实现上述教学目标，应该有适合学习需要的大量数据或多种可能的结果，而这就要利用生生之间的相互合作。总之，数学学习需要合作。

但是，教师认识到需要合作并不等于学生认识到需要合作。只有学生认识到需要合作，才能推动他们积极主动地去参与合作。

我们有理由相信，让学生经历切实有效的数学学习活动过程，将会促进他们对数学知识技能的理解和掌握。从这个意义上说，数学教学的过程目标和知识技能目标是可以统一起来的。

然而，对合作的需要是基于更基本的对知识的需要。如果学生对要学习的知识感受不到需要，他们就不会想方设法地获得它。表面的静悄悄掩盖的是一种对知识的冷漠、对正确与错误的漠然。

要改变这种状况，需要教师做的工作很多。首先，教师要以自己对科学知识的满腔热忱感染学生，鼓励学生热爱科学，追求知识。其次，要在学生中努力创造一种摆事实、讲道理、坚持真理、不迷信权威的风气。在合作学习中，出现意见分歧是完全正常的现象，甚至可以说不出现意见分歧才是不正常的现象。所以，教师要鼓励学生积极参与，独立思考，不轻易放弃自己的观点，要鼓励不同意见之间的争辩，通过摆事实、讲道理，以理服人。最后，组内成员的地位是完全平等的，组长只是召集人，并不是领导。组内成员的分工应该定期轮换，特别是必须实行组长轮换制，使每一名成员都有机会担任组长，都能在组内担当不同的角色，进而理解其他成员的感受和体验，同时增强自信心和责任感。

六、教师在合作中有引导作用

教师似乎只重视引导学生说出各自的想法，呈现各不相同的个性，但却忽视了引导学生倾听同伴的发言，理解各种不同的方法，欣赏不同个性的精彩。教师似乎没有意识到各种方法的差异及内在联系，没有意识到自己有责任引导学生进行比较、归类，没有意识到自己有责任引导学生从更高的层次来认识这么多的方法，把握它们的实质以便使学生在此基础上做出反思和评价，进行选择和自我调整，帮助学生进行富有意义而有效的建构。

面对全体学生发问，引导全体学生思考同伴的每一个新的想法、每一点新的发现，这会促使学生的思维积极参与到教学活动中，整个过程只见学生或折叠测量，或观察比较，或独立探究，或合作交流，或由现象大胆猜测，或依据操作据理力争……但是，思维的积极参与并不等于思维的深入参与。要使学生的思维既积极参与又深入参与，还需要教师更有效地引导。促使学生从个别推及一般，激发他们透过现象寻求本质的探究欲望。在解决这个问题的过程中，学生不仅发现了所要学习的数学知识，还经历了从个别到一般、由现象到本质的思维过程，体验学习成功的满足与愉悦。这一切，应主要归功于教师的有效引导。

新课标强调指出："小学教育阶段的数学课程，其基本出发点是促进学生全面、持续、和谐地发展。"这是我们一切教学活动的基本宗旨，是我们在课堂教学活动中须臾不能忘记的根本方向，也是在合作学习中发挥教师引导作用的行动准则。

1. 应该充分认识教师引导的重要作用

建构主义认为，学生学习数学的过程是一个基于学生经验的主动建构的过程。新课标下的教学过程是一个师生之间、生生之间多向交往、积极互动的过程，它既是学生的一种特殊认识过程，也是一个有目标的动态生成的过程。教学必有目标，既有整体上的宏观目标，也有一个单元或一节课的具体目标，没有目标的教学就不是真正的教学。数学课程的目标具体包括"知识与技能""数学思考""解决问题""情感与态度"四个方面，这四个方面的目标是一个密切联系的有机整体，对人的发展具有十分重要的作用，它是在丰富多彩的数学活动中实现的。教学目标由谁来把握？教学目标由谁来带领学生实现？当然是教师。所以，教学目标的性质决定了教师应该是课堂的灵魂，教师在教学中应重视发挥引导作用。但是，在有些课堂上，我们经常发现教师引导作用缺失的现象。有时，明明学生的理解是错误的，教师却说："这是你的想法，我尊重你的理解。"有时，学生的理解始终在正确结论的边缘徘徊，达不到要害，教师却不能适时加以点拨。有时，教师过分追求方法的多样化，对每一种方法都完全肯定、鼓励，导致有的学生一味"标新立异"，不愿吸取别人的长处，弄不清不同方法间的内在联系。如此种种，都是对学生学习的不负责任。

2. 教师要关注学生学习的全过程，适时引导

教师要确立为学生学习服务的理念，从教学设计时对探究主题的确定、对合作学习问题的选择到教学实施中的讲解、组织、引导，都要从既有利于学生知识与技能的学习，又有利于学生数学思考、解决问题、情感与态度发展的角度出发，既充分尊重学生的自主地位，又积极发挥教师的引导作用。例如，探究学习是新课标提倡的重要的学习方式，但不是唯一的方式。我们不能把探究学习与接受学习完全对立起来，从一个极端走向另一个极端，从过去的接受学习变为现在的探究学习。这既没有必要，也不可能真正实现。事实上，并不是所有的数学学习内容都需要用探究学习的方式来进行，也不是所有的数学学习内容都适合用探究学习的方式来进行。

同样，小组合作也不是包治百病的灵丹妙药，不是每节课都要使用，不是用得越多就越好，是否需要进行合作学习也需要教师精心选择和确定。

教师的引导作用不仅体现在对学生探究主题、合作学习问题的选择和确定上，还更多地体现在课堂教学的组织实施上。我们不应该仅仅满足于让各个学生说出自己的方法，而不引导学生对他人采用的方法进行理解、欣赏，对不同的方法进行比较、归类、挖掘实质、提升思维。我们应该不断引导学生思考、理解别人的认识和发现，敏锐地把握学生思维的实际进程，在关键的地方引导学生提出高质量的问题。必要时，也可以由教师自己提出高质量的问题，以便把学生的思维引向深入。如果一节课之后，学生所会的仍然是自己原来的方法，学生对自己方法的理解还停留在原来的水平上，那这节课就是无效的。

3. 学习、研究、运用能有效引导学生数学学习的技术

如何才能有效地引导学生学习数学，这是值得每一名数学教师长期用心探讨的课题。能有效地引导学生数学学习的技术是多方面的，既有显性的，也有隐性的；既有操作式，也有语言式；既有书面语言式，也有口语式；既有面向个人的，也有面向小组和面向全班的。

4. 怎样处理小组合作与独立思考的关系

新课标倡导的小组合作与独立思考并不是相互对立的，而是相辅相成的。独立思考是小组合作的基础，不以独立思考为基础的小组合作是低效甚至无效的，是背弃数学教学要促进每个学生发展、培养学生的创新意识和创新能力这一根本目标的。此外，小组合作交流能有效地弥补个体独立思考的不足，纠正错误，拓展思路，深化思维，提升个体思维的质量。

在小组讨论的过程中，教师应积极参与，并适时提出引导性问题，促进小组讨论的不断深入。通过师生之间、生生之间积极广泛的思维碰撞，错误的原因找到了，思维的障碍排除了，计算的原理掌握了，这种学习才是比较真实有效的数学学习。

能否处理好小组合作与独立思考的关系，教师的作用是至关重要的。教师并没有直接讲多少东西，但教师的合理组织能较好地处理个体独立思考和小组合作的关系，能保证学生参与的广度，教师围绕关键之处的有效引导则进一步提升了学生参与的深度，两者的结合保证了学生对所学内容自主建构的有效性。

第四节　探究学习是构建兴趣型教学课堂的目标

新课标指出："有效的数学学习活动不能单纯地依赖模仿与记忆，动手实践、自主探索与合作交流是学生学习数学的重要方式。"因此，探究学习也是新课标倡导的学生学习数学的一种基本的学习方式。

什么是探究学习？简单地说，就是学生以类似或模拟科学研究的方式所进行的学习。具体地说，探究学习就是从学科领域或现实生活中选择和确定研究主题，在教学中创设类似或模拟科学研究的情境，通过学生发现问题、实验、操作、调查、搜集与处理信息、表达与交流等探索活动，获得知识、技能、情感与态度的发展，特别是养成探索精神和提高创新能力的一种学习方式。

探究学习是相对于接受学习而言的。与接受学习相比，探究学习具有更强的主体性、问题性、实践性、过程性和开放性。

一是主体性。探究是人类主动认识世界的一种基本方式，探究性学习活动立足于学生的学，围绕学生的主体活动来展开教学过程，教师则是活动的组织者、引导者和合作者。所以，这种学习方式有利于学生主体意识和能力的形成与发展。

二是问题性。问题是数学的心脏，没有问题的解决就没有探究学习。通过解决问题来学习数学，是一种重要的学习策略。解决问题的过程既能激发学生积极参与的热情，又能发展学生的思维能力，使学生的情感、动机、意志得到充分调动。

三是实践性。探究性学习有较强的实践性，学生运用多种感官，在做中学、在学中做，教、学、做融为一体，能强化学生实践能力的培养。

四是过程性。探究性学习既重视结果，也重视过程。它注重让学生经历完整的知识发现、形成、应用和发展的过程，从而使学生理解一个数学问题是怎样提出来的、一个数学概念是怎样形成的、一个数学结论是怎样获得和应用的，进而感受数学发现和应用的乐趣。

五是开放性。探究性学习注重留给学生个性发挥的时间与空间，鼓励学生积极思考，提出问题；大胆猜测，提出假设；探索尝试，提出方案；认真实施，解决问题；回顾反思，总结提高。所以，探究性学习有利于发展学生的发散思维、求异思维和批判性思维，有利于培养学生的创新意识与创新能力。

小学数学中的探究性学习，是指学生在教师的指导下，围绕一个需要解决的问题，以类似科学研究的方式去获取知识、应用知识、解决问题的学习方式。在经历探究的过程中，学生获得深层次的情感体验，建构知识并掌握解决问题的方法，达到探究性学习的三个目标。

由于小学生的年龄特点、知识背景和思维能力的限制，小学数学探究性学习不可能等同于科学探究。因此，教师的适当引导是学生探究获得成功的关键。教学中，要注意以下几个方面。

一、创设有效的问题情境

由于学生探究的积极性、主动性往往起源于良好的问题情境，精心创设问题情境对于课堂上实施探究学习能起到积极的启动作用。但情境不应只有绚丽多彩的画面，其关键在于必须隐含数学问题。问题就是以学生原有的数学知识、经验不能解释的现象。学生学习数学的本质是一种发现问题、探索问题、提炼出数学模型、利用已有的知识经验解决问题的过程。所以,问题是探究学习的先导,它既是探究学习的资源,也是探究学习的推动力。

应该明确,并不是任何问题都会引起学生的兴趣与探究,只有富于挑战性的、学生认为能解决但又一时解决不了的问题才能激发起学生的探究欲望与兴趣。要把发现问题、提出问题作为探究性学习的开始,作为探究性学习中十分重要的一个环节。

要想让学生真正探究学习,确定适宜的问题十分重要。问题从哪里来?一是教师设计,二是教师从学生提出的问题中筛选确定。

从内容方面来看,适宜的问题应符合"最近发展区"理论。苏联教育家维果茨基认为,儿童有两种水平:一种是儿童已实际具有的水平,叫作现实水平;另一种是在教师引导下儿童所能达到的水平,叫作潜在水平。在现实水平与潜在水平之间存在一定的空间,这个空间就是"最近发展区",通常形象地把它称为"跳一跳,摘桃子"。教师设计问题或从学生提出的问题中筛选确定探究问题时,一定要把问题落在学生的"最近发展区"内,这样的问题对学生才最具有探究价值。过难或过易的问题都没有探究价值。

从形式方面来看,适宜的问题主要是发散类和探索类。问题通常可分为四类:一是判别类问题,主要对事物加以判定,代表性语汇是"是不是""对不对";二是描述类问题,主要对事物加以陈述和说明,代表性语汇是"是什么""怎么样";三是探索类问题,主要对事物的原因、规律、内在联系加以说明,代表性语汇是"为什么""你从中能发现什么";四是发散类问题,主要从多角度、多方面、多领域去认识事物,代表性语汇是"除此之外,还有哪些方法""你从中体会到了什么"。发散类问题最根本的特点是答案不唯一。

数学问题情境的创设,途径多样,方法各异。例如,利用童话或故事创设问题情境、借助直观手段创设问题情境、联系学生原有的知识创设问题情境、联系学生生活实际创设问题情境，而源于学生生活实际的问题情境往往最能激起学生的探究愿望。

数学问题情境的创设要有利于沟通数学与学生的生活现实。创设教学情境不是为了情境而情境，数学与学生的现实生活有着千丝万缕的联系，为了沟通数学与学生的生活实际，帮助学生更有效地学习数学，数学教学中需要创设情境。分类的必要性不是教师的说教与灌输，而是学生的亲身感受与发现，身边生活中有了数学就不再是抽象的话语，而有了具体的实际含义。

数学问题情境的运用必须引导学生展开积极的数学思维，洋溢着数学味。因为生活问题不等同于数学问题，生活问题情境不等同于数学问题情境。我们的数学课堂最需要的正是真正能引导学生展开积极的数学思维的问题情境。

数学问题情境要有利于学生把所学的数学知识应用到现实生活中，培养学生的应用意识。情境的创设确实达到了唤醒学生已有生活经验，激活学生数学思维，培养学生数学眼光的目的。你一言、我一语，丰富多彩的实际例子不能不使学生产生这样的感悟：原来，数学在生活中竟有如此广泛的应用！而这正是他们以前从未觉察到的，学生的认知结构得到了充实和丰富。这种惊奇与愉悦的情绪体验，又十分有益于激发、提升学生对数学的内在兴趣，从而将情感领域的教学目标落到了实处。

二、根据不同的探究需要，选择适当的探究形式

探究形式通常有学生个人独立探究、学生以临时自愿组合的方式共同探究、既定的小组合作探究和全班集体探究。

个人独立探究是学生从自己的知识、经验、能力、喜好出发，独立观察、操作、思考，亲身经历探究的全过程，用自己的已有知识去理解问题，以自己的速度去解决问题。这种形式，干扰相对较少，对于促进学生自主学习、自主建构较为有效。但其局限也比较明显，常常无法完成探究任务，缺

少同伴之间思维的碰撞和优势互补，不利于合作意识和能力的培养。

学生以自愿组合的方式共同探究，由于建立在彼此信任、关系融洽的基础上，探究中信息渠道畅通，配合默契，交流顺畅，更容易彼此悦纳，激起思维的火花，因而探究的效率更高。其不足之处是可能在组合中产生"孤独的探究者"，不利于全体学生的和谐发展。

既定的小组合作探究形式由于小组成员的组成比较合理，又相对稳定，所以责任明确，合作协调，优势互补，效果较好。其局限性是组内有的成员在某些方面可能过于依赖别人。

全班集体探究由教师主持，交流面广，信息量大，听者众多，因而效率较高。但在这种形式中，发言权往往集中在部分学生身上，难以有效地培养大多数学生的探究能力。各种探究形式不是对立的，应该灵活选择、有机结合、扬长避短、互相补充。

三、探究学习的时间要充足，空间要充分

与接受学习相比，探究学习所需时间往往较多，因为学生需要时间收集信息，需要时间去检验，需要时间去思考，需要时间去纠错，需要时间去讨论。学生深层次的认知发展既需要独立思考，也需要合作交流。学生之间存在个体差异，这种差异是一种宝贵的学习资源。要使这种学习资源被学生群体所共享，促进每一个学生的充分发展，就需要创设多维互动的交流空间。

四、教师要热情参与，适当引导

小学生有很强的"向师性"，他们渴望教师的贴近，渴望教师与其共同活动。教师的参与对学生是莫大的支持与鼓励，教师的热情对学生有很强的感染力，能够激发学生的探究兴趣，促进学生积极参与探究。教师的参与还可以更有效地了解学生的探究情况，会看到更真实生动的探究过程，会听到

更多学生的原始想法，会发现学生更多的创新火花，也会更准确地把握学生中普遍存在的问题，找准学生出错的真正原因。教师的热情参与为学生的探究过程中进行适当引导奠定了基础。小学生受其知识、经验、认知发展水平等的限制，常会在探究中遇到他们难以克服的困难。因此，教师的适当引导就成为学生探究获得成功的关键。这里的"适当"有两层意思：一是时机适当，二是程度适当。所谓时机适当，就是当学生的探究遇到很大的障碍或严重的挫折，虽经努力但仍无法取得进展的时刻。所谓程度适当，就是教师不能包办代替，不能把结论和盘托出，而是要在找准学生真实困难之处的条件下，智慧地、不露痕迹地启发、引导，以保证学生探究的独立性和自主性。此外，在探究结论的总结方面、在数学思想方法的提炼方面，教师也要进行适当的引导和提升。

实践证明，教师能为学生的探究活动提供有力支持和系统引导。那么，在引导小学生探究发现的具体过程中，教师如何成为一个优秀的支持者和引导者呢？

1. 找准学生的认知起点，明确探究的关键

数学课堂中的探究学习是学生的探究，教师是学生探究活动的组织者、引导者和合作者，教师无法替代学生进行探究，只能对学生的探究活动提供支持和引导。教师对学生的支持和引导要恰当，必须找准学生的认知起点，明确学生探究的关键。如果探究活动的要求低于或高于学生的实际水平，如果教师不明确学生探究的关键，教师的引导就不会是有效的，学生的思维也不会是有效的，或者是浪费了时间，或者是探究变成了传授，使得学生仅仅记住一些结论，而不是真正理解结论背后的原理。因此，教师只有在认真分析学习内容的基础上，换位思考，找准学生的认知起点，明确探究的关键，才能对学生的探究活动提供恰如其分的支持和引导，使学生享受到"跳一跳，摘桃子"的乐趣。

怎样引导学生从他们的实际起点走到最终目标，是教师在教学设计时要重点考虑的问题。教师根据学生实际，确定探究的关键——引导学生分析的这个问题是联系学生已有知识和即将发现的新知之间的纽带，深化了学生的思维，为学生的思维指引了方向，使学生从新的角度考察已知，寻找知识之间的内在联系，探究隐含在已知中的未知。

2. 提供数量充足、类型多样、组织精心的例证

广义上的知识观把通常所说的知识、技能和策略统一在一起，分别称为陈述性知识、程序性知识和策略性知识。信息加工心理学据此把学习相应地分为陈述性知识学习、程序性知识学习和策略性知识学习。数学规则学习本质上属于程序性知识学习。程序性知识学习分为三个阶段，即陈述性阶段、程序化阶段和自动化阶段。规则是抽象的，蕴涵在具体的例证中，学生需要借助大量的例证来发现规则。例证的提供者主要是教师，所以，教师提供的例证数量是否充分、类型是否全面、组织是否恰当就成为影响学生开展有效探究的重要因素，也是教师对学生的探究提供支持与引导的一个基本方面。

3. 换位思考，事先探究，积累经验，提高能力

学生是孩子，教师是成人，所要学习的规则对学生来说是未知的，对教师来说却是熟知的。知识背景和思维方式上的这种差异往往使教师难以预先具体估计到学生在探究发现中会怎样思考、会碰到些什么问题，从而导致教学设计与课堂教学的实际生成往往有较大的距离，也给教师的引导增添了太多的变数。

在传统的讲授法下，教师可以不去思考这样的问题，但要引导学生开展有效的探究，教师首先就要对这些问题做出回答，这就需要教师换位思考，把自己当作一名学生，站在学生的角度上，率先进行探究。这样做，会使教师遇到很多以前没遇到过也没想过的问题，能使教师对学生在探究发现中会怎样思考、会碰到些什么问题等有比较切合实际的感受，能使教师积累探究中发现的感性经验，提高引导学生探究发现的能力。例如，教师提出的第一个问题"你们说，我们怎样来展开研究"，就是教师事先亲自探究后从学生的角度提出的一个很好的问题。它使得探究例证的出示成为一个自然的要求，体现了教师也是共同探究者的平等意识，同时渗透了认知策略的学习。

五、关注过程，积极评价

教师对学生探究性学习的评价要本着"关注过程，促进发展"的精神，并利用评价来有效地组织探究活动。评价时，教师要关注学生的态度、努力的程度、合作的意识和能力、创新的精神、分析与解决问题的能力、在自身原有基础上的进步与发展等方面。评价时，教师要注意学生之间的差异，不能用一把尺子量所有的人。同时，教师要宽容地对待学生在探究过程中不尽如人意的地方，并积极的给予帮助和指导。教师还要引导学生开展自评和互评，培养学生探究的自信心，促进学生互相借鉴、互相欣赏，使数学探究活动更有效、更有吸引力。

第五节　多维建构兴趣型教学课堂

《基础教育课程改革纲要（试行）》指出，教学要"改变过去强调接受学习、死记硬背、机械训练的现状，倡导主动参与，乐于探索，勤于动手，培养学生收集和处理信息的能力，获取知识的能力，分析和解决问题的能力，以及交流与合作的能力"。新课标则进一步明确指出，"有效的数学学习活动不能单纯地依赖模仿与记忆，动手实践、自主探索与合作交流是学生学习的重要方式""数学教学是数学活动的教学，是师生之间、学生之间交往互动与共同发展的过程"。这些论述都从侧面表明，小学数学课堂应该是以兴趣为主导，通过多维角度，进行多元建构的课堂。

建构主义理论认为，任何学习都是学习者的一种积极主动的建构过程，学习者不是被动地原样接受外在信息，而是主动根据先前的认知结构，有选择地感受外在信息，建构当前信息的意义。在新的学习中，学习者通常基于以往的经验去推出合乎逻辑的假设，新知识是以已有的知识经验为生长点而"生长"起来的。建构一方面是对新信息意义的建构，另一方面又包含对原有经验的改造和重组。

既然学生是主动的、积极的、能动的知识建构者，而非知识的被动接受者，学生就是数学学习的主人，教学的基本任务就是促进和增强学生的内部学习过程。这就表明，教师的教学是为学生的学习服务的，数学教师要从传统的向学生传递数学知识的权威者的角色转变为数学学习的组织者、引导者与合作者。所谓组织者，就是要组织学生发现、寻找、收集和利用数学学习资源，组织学生营造和保持学习过程中良好的心理氛围。所谓引导者，就是要设计恰当的数学教学活动，引导学生激活进一步学习所需的先前经验，引导学生围绕问题进行积极探索、思想碰撞。所谓合作者，就是要建立平等、民主、和谐的师生关系，教师成为学习共同体中的一员，让学生在平等、尊重、信任、宽容的氛围中受到激励、鼓舞，得到指导和建议。这就要求教师在教学中要认真了解学生，一切从学生的实际情况出发，充分发挥学生的主动性、积极性，最终达到促进学生有效建构所学内容的意义和促进学生发展的目的。

教学要从学生已有的知识和经验出发，要关注学生真实的思维过程。奥苏伯尔指出："影响学习的最重要因素是学生已经知道了什么。"教师应根据学生原有的知识状况和认知发展水平去进行教学，不能以自己主观的解释来代替学生的真实思维。新课标强调，教师"应尊重每一个学生的个性特征，允许不同的学生从不同的角度认识问题，采用不同的方式表达自己的想法，用不同的知识与方法解决问题""鼓励解决问题策略的多样化"。这正是建构主义教学观的具体体现——任何知识都是以学习者已有的知识和经验为基础的主动建构。数学教师只有关注学生的生活世界，切入学生的经验系统，真正理解学生数学思维的发展过程，并着眼于唤醒学生成长的内在动机，使学生的学习活动是自觉自愿的，才能展开有效的数学教学，才能全面实现数学教学的目标。

数学课堂教学应该围绕学生来设计和操作。教学是围绕教师来设计和操作，还是围绕学生来设计和操作，这是两种完全不同的教学指导思想和操作策略。建构主义认为，教学应该围绕学生来设计和操作，而且强调四个基本环节（情境创设、自主探索、合作交流和效果评价），强调每一个环节都要充分体现主动学习的要求。

一、情境创设

情境创设是引发主动学习的启动环节。问题情境是促进学生进行自主探究、主动学习的条件，其基本功能和作用有两个：一是通过特定的问题情境，激活学生的问题意识，形成基于问题的学习习惯，从而展开提出问题、分析问题、解决问题的学习活动；二是通过特定的问题情境，使问题与学生原有认知结构中的知识和经验发生联系，激活它们去"同化"或"顺应"新知识，赋予新知识以个体意义，导致认知结构的改组或重建。

二、自主探索

自主探索是主动学习的实质性环节。不是教师直接讲授或讲解解决问题的思路、途径、方法，而是学生自主探索解决问题的思路、途径、方法。学生所要完成的主要任务是：在明确所要解决问题的基础上形成解决问题的"知识清单"；确定收集知识信息的途径和方法；收集所需知识信息并进行分析、处理；利用知识信息解决问题，完成学习任务。在这个环节中，教师对学生的学习应是"促进"和"支持"，而不是"控制"和"支配"。

三、合作交流

合作交流是主动学习的拓展性环节。学生群体在教师的组织和指导下交流、讨论自主探索的学习成果，通过不同观点的交锋、补充、修正，可以加深个体对问题的理解，学习共同体的思维和智慧可以被整个群体所共享，即整个群体共同完成对所学内容的意义建构，而不是其中的某一个或某几个学生完成的意义建构。

四、效果评价

效果评价是主动学习的延伸性环节。它包括个体的自我评价和学习小组对成员的评价。评价的内容包括是否完成学习任务、学习活动中表现出来的各种能力和合作交流中对群体的贡献。这里的评价强调非量化的整体评价，强调对过程的评价，尤其关注和重视学生在学习过程中表现出来的发现知识、认知策略、自我监控、反省与批判性思维、探究与创新能力等的评价。

建构主义"主动学习"要求的体现，归根结底是要给学生留出发挥自主性、积极性和创造性的时间和空间，给学生提供在不同情境下建构知识、运用知识、表现自我的多种机会，让不同的学生能以不同的方式来学习数学，让不同的学生都能通过主动学习形成自我监控、自我反思、自我评价、自我反馈的学习能力，让不同的学生都能在数学上得到不同的发展。

第四章
小学数学兴趣课堂教学策略与技巧

在小学数学课堂教学中，应该根据小学生的身心发展特点和教育认知特点，讲究一些必要的教学策略与教学技巧。只有这样，才能提高教学效率，提升教学质量，让小学生在相对轻松、愉快的课堂教学环境中学习，从而真正爱上数学。学生是教学的主体，只有有针对性地进行研究，制定对应的教学策略与技巧，课堂才会充满活力、充满魅力。

第一节　小学数学兴趣课堂教学的六大基础策略

我国著名数学家华罗庚曾说："就数学本身来说，是壮丽多彩、千姿百态、引人入胜的……"的确如此，唯有入迷才能叩开数学思维的大门，智力和能力才能得到发展。作为一名小学数学教师，我要善于激发学生的学习兴趣，要充分利用数学课堂教学空间，把数学课堂教学创设成充满活力、魅力无穷的空间，从而激发学生的求知欲，让他们积极地感受数学美、快乐地追求数学美、勇敢地探索数学美、大胆地体验数学美。为了更好地组织数学课堂教学，引导学生进入快乐的数学世界，可以从如下几个方面着手。

一、基于生活经验建构兴趣课堂

根据小学生的思维特点，在数学课堂教学中应从生活经验入手，通过创设熟悉的生活情境来调动和活跃课堂气氛，降低数学知识的建构难度。如果是大学生或者高中生，他们对于数学知识已经有了一定的积累，能够用抽象的思维方式去思考一些数学问题。但是，对于小学生，这一点就不行了。小学生的知识积累大部分来自熟悉的具体事物。因此，教师不能用抽象的方式去要求他们思考数学问题，而应该通过具体的生活知识来引导他们思考生活中的数学问题。这也是小学数学教学的特点。

任何一门知识都一样，数学知识与现实生活也是密切联系的。教育家和小学数学教材的编写者充分考虑到这一特点，在教材编写和内容设置上有所体现。在目前使用的小学数学新教材中，每一章具体的数学内容会给出许多详细而又贴近生活的例子。在进行数学课堂教学的时候，教师要尽量用学生熟悉的生活情境或从生活经验入手引出学习内容。这样一来，学生不仅易于接受，更乐于接受。

小学生有着好奇心、疑问心、爱美心强和活泼好动的特点。我在课堂教学中，经常让学生列举某些数学知识在生活中的实际应用。他们的积极性很高，如果能得到教师的肯定或夸奖的话，就会更加对数学知识和课堂感兴趣。作为一名小学数学教师，教学时要多从这些方面去思考，充分地发挥小学生非智力因素在数学学习中的作用，利用他们熟悉的事物，在课堂中创设出"学"与"玩"融为一体的教学方法。只有做到让学生在"玩"中学，并且在学中"玩"，他们才会更加乐于接触数学，并从中体会学习的快乐。例如，在教学《轴对称图形》一课的内容时，教师可以运用事先准备好的漂亮的图片创设情境，在拥有多媒体教学设备的学校，也可以通过制作flash（动画）故事引入教学内容：在一个美丽的公园里，一只可爱的小蜻蜓在草地上飞来飞去捉蚊子。忽然，飞来了一只美丽的小蝴蝶，绕着小蜻蜓飞来飞去。小蜻蜓就生气了，小蝴蝶却笑着说它们是一家人。小蜻蜓不相信，小蝴蝶就带着小蜻蜓去找它们家族的成员。它们飞呀飞，飞呀飞，最后找到了一片美丽的树叶。小蝴蝶说，在图形王国里，它们三个是一家人。这个时候，教师就可以提问了："同学们，为什么小蝴蝶要这样说呢？"通过这样带有一定趣味性质的故事的方式引入新课，有利于激发学生的学习兴趣，使学生兴趣浓厚，注意力集中，主动去探究对称图形的共同特征。

二、基于具体实践建构兴趣课堂

数学既抽象又具体，但对于小学生来讲，数学更偏重于具体，因而在课堂教学中要尽量让学生动手实践，有助于学生感性认识上升到理性认识。

在很多人的心中，数学是抽象的科学之一，的确如此。数学可以非常抽象，但对于小学生来说，数学就应该是形象而具体的，是可以在生活中找到原型的，是可以看得见甚至摸得着的。例如，去超市买苹果，对小孩子来说，可能里面含有的数学知识就是苹果有多少个、重量有多少、价格是多少、如何计算要花多少钱等。这些都是具体的，他们能够直接接触到，符合他们的思维特点，有助于培养他们的数学思维和素养。让孩子多接触这些实际的数学问题，对于数学教学是大有益处的。

根据教育家弗赖登塔尔的观点，教师在数学教学中应注意培养学生动手实践、自主探索的精神。我国的数学基础教育很不错，每年在国际奥数中拿奖的人不少，这些都有小学数学基础教育的功劳。但是，这些得奖的学生动手能力强不强、探索精神强不强，才是决定他们未来在数学领域发展的更重要的因素。我国奥数得奖者众多，但数学家和数学研究领域却在世界上不领先。这与从小培养的数学思维和素养有关，因为小学数学教育不太重视动手实践能力的培养。

小学生年龄小，基本年龄集中在6—12岁。根据他们的知识建构特点，其抽象思维能力比较弱。若是采用抽象思维的教学方式，让他们在脑海思维中去主动构建相关的数学知识模型，这既不现实，效果也不好。小学数学教师应采取鼓励动手实践的方式，引导学生充分利用和创造各种图形或物体，调动各种感官参与实践。同时，教给学生操作方法，让学生通过观察、测量、拼摆、画图、实验等操作实践，激发思维去思考，主动学习数学知识，发现数学规律，从而掌握数学学习的技巧和方法。教师如能让学生动手实践，就能更好地激发学生的学习兴趣。例如，在数学几何图形内容中，《三角形的认识》是一节比较枯燥的概念课。教师可以给学生发一些彩色塑料条，或者深色纸条，让学生自由围成各种各样的三角形，并投影到银幕上。根据学生制作的各种三角形，让他们自己通过观察，找出三角形的一些共同特点：只有由三条线段围成的图形，才叫三角形，多一条或者少一条都不行；三角形一定是三条线首尾相交组成的闭合几何图形，没有闭合有缺口的也不是三角图形。经过这样的教学模式，三角形的基本定义就可以从直观的观察中升华出来了，学生由感性认识上升到理性认识。这比教师单纯直接地将概念灌输给学生要强得多。通过加强实践操作活动，让学生多种感官参与学习，不仅能激发他们的学习兴趣，顺应他们好奇、好动的特点，而且能丰富他们对于数学的感性认识，帮助他们学习和掌握数学知识，从而培养他们在数学方面的探索和创造精神。

三、基于师生互动建构兴趣课堂

改变"教师一言堂"的灌输型教学模式，让教学成为一种师生之间的轻松活泼的互动交流，在民主教学的理念下，构建轻松和谐的师生双边关系。现在的学生上课，不仅仅是为了学到知识，更多的是为了学到学知识的方法，正所谓"授之以鱼，不如授之以渔"。在我国传统的教育理念中，出于对教师的尊重，过分强调教师的威严和知识的传授，忽略了师生之间的交流互动。不管是古代的教育实践，还是当代的教育理论，都证明：采用一种民主的教学方式，师生能够实现良好的互动沟通，所取得的教学效果要远远好于教师单纯的知识传授。

在数学课堂教学中，我一向是民主课堂理念的坚定支持者。只有创设一种民主和谐的课堂氛围，让师生在教学活动中，通过双边活动的轻松和谐沟通，这个时候师生展示的才是完全真实的自我，教学状态也是最为活跃的。小学生本来就比较活跃好动，如果教师采取过于严肃死板的教学方式，自然会挫伤学生的积极性，从而不利于取得良好的教学效果。在课堂上，我一般提一些具有启发性的问题，让学生针对提出的问题来发表各自的见解。学生们时而窃窃私语，时而小声讨论，时而高声辩论，这样的方式才是他们所喜欢的，对于涉及的具体知识的理解也是最为深刻的。在课堂上，我看着学生们争相发言，有的居高临下，提纲挈领；有的引经据典，细致缜密，就有一种欣慰感，因为我只教给他们钥匙和开门的方法，他们就能主动去探索和寻找知识。

很多问题本来就没有唯一的答案，数学亦是如此。从不同的思维角度看待数学问题，自然会得出不同的见解和结论。针对学生独具个性的发言，教师要不时点头赞许。对表达能力较差的学生，教师应以信任鼓励的目光和话语激活学生的思维，让他们有勇气站出来表达自己的观点。即便观点不太成熟，也不要批评，要鼓励他们自己去纠正和提高。在民主氛围很浓的课堂上，学生自然敢于讲真话、讲实话，个性得到充分张扬，这对于学生的数学独立学习能力和探索精神的培养是很有价值的。例如，在教授关于"分类"的数学内容时，教师可以在教学生明确什么是分类知识之后，就有意识地放手让学生主动实践，寻找解决问题的方法：将30多支不同颜色、不同长短、带有或者不带有橡皮头的铅笔打乱放在一起，让学生去分类，看谁分得合理。这个没有具体的标准，只要学生按照自己的标准去分类就是对的。课堂由此变得民主而活跃，因为在分类的标准问题上，只要找对了合适的标准，他们就可以说了算。学生争先恐后地抢着去分类：有按颜色分类的；有按长短分类的；有按带有或者不带有橡皮头分类的；也有胡乱分类的。教师要肯定那些找对了标准的学生，并且要明确指出他们分类的标准。同时，对分错了的学生，要主动跟他们交流，而不是一概否定，应指导他们找到属于自己的分类标准，让学生在自主活动中，自主学习、主动实践。教师还应注意学生的学法指导，培养学生的综合能力，养成良好的学习习惯，使学生对于数学的学习抱有一种想学、乐学、会学的态度。教师对于学生的学习能力、学习方法和技巧、学习效果的评定等也要有一种民主的姿态，这样才能让学生以一种更为轻松的心态去快乐学习。

四、基于学生自信建构兴趣课堂

信心是学好数学的基础，一名合格的教师应该帮学生消除学习数学的恐惧，引导他们建立学习数学的自信心，这样才能让数学教育成功。自信心是积极有效地表达自我价值、自我尊重、自我理解这些内在价值的情感体验。如果有自信心，学生在学习的时候就会更加积极主动，学习效果也会更好。教育心理学研究表明，自信对一个人的教育成功起着重要的作用，因为自信的学生在学习生活中往往会坚持自己的信念，即使遇到一些困难和挫折，也能充分地表现自己的才能，并坚持到底。在这样的状态下，学习表现会越来越好，学习效果也会稳定提高。自信心不仅影响学生目前的学习，更是关系到学生一生的发展。在课堂中注意培养学生的自信心，进而培养他们的创新精神，应该是每一位小学数学教师必须坚持的教学目标之一。

在小学阶段，学生的自信心还处于一个不稳定的阶段，教师在培养学生自信心方面的作用特别明显。新课标明确指出："要使学生在数学学习中获得成功的体验，锻炼克服困难的意志，建立自信心。"教师的爱护、关怀、肯定和鼓励，都能让学生从容地对待学习中可能遇到的困难和挫折，并能振作起来主动寻求解决问题的方法。有自信心的学生一旦确立了自己的学习目标，就会非常坚定和明确地向目标迈进。因此，他们在学习上往往会取得好成绩，甚至还会取得突破性进展。小学阶段是一个人形成自信的关键期。教师在教学活动中，也应特别注意自己的言行，一定要培养好学生的自信心。学生一旦有了自信心，学习起来就有一股劲儿，学习效率变高，学习效果变好。

为了更好地培养学生的自信心，教师必须尊重每一位学生做人的尊严和价值。在课堂教学中，师生之间应该是一种互相平等、互相尊重的人际关系。此外，据教育心理学研究和教育实践表明：小学生在没有精神压力、没有心理负担，整个人心情舒畅、情绪饱满的情境下，大脑皮层容易形成兴奋中心，思维最活跃，实践能力最强。教师应该努力营造这样的课堂氛围，促进学生获得更好的表现，从而增强对于数学学习的自信心。在情感方面，教师应该对学生倾入真情。小学生的心灵是敏感而脆弱的，如果教师在学习和生活中对他们表现出真心的爱，让他们感受到真切的关怀，就有利于培养他们的自信心。在培养学生自信心的过程中，还要采取合适的方法。例如，我曾经教过一位女生，数学基础较差，学习态度不明确。别人帮助她学习，她还不愿意，认为很没面子，在同学提出帮助时，明显拒绝配合学习。在做作业时很急躁，方法和答案也是错的。于是，我从最基础的开始，要求她把题目理解清楚，允许作业少做，从易到难，要求做一题对一题，不会做的重新做，做对了继续，让她认识到她也能做对，慢慢地树立学习的信心。发现优点，我就及时表扬，使她尝到成功的喜悦，并且认识到学习需要脚踏实地一步一步来。她逐渐对数学产生了信心，成绩也明显提高了。

五、基于鼓励表扬建构兴趣课堂

鼓励是一种人生的正能量，也是学习的正能量，得到鼓励的学生往往更有信心和积极性，适当的表扬奖励是上好数学课堂的重要添加剂。鼓励属于教学评价的范畴。整体而言，现代教育理念更注重教学过程中的表扬，而不是批评。考虑到小学生的身心特点，小学教师在教育过程中应该更多地采取鼓励和表扬的态度，促进他们的学习积极性，谨慎使用批评。即便要批评，也要注意委婉的态度，采用温和的语气。新课标中指出："评价不但要关注学生学习的结果，还要关注他们学习的过程，通过发展过程的评价帮助学生认识自我，建立学习的信心。"在能够找出学生优点的地方，一定要表扬，并且表扬也要具体，这样才更有效。课堂上，学生对教师的评价是非常敏感的。尤其是小学生，特别重视教师的每一句评价。有时候，教师的一句评价可以影响一个孩子一生性格的形成。教师对学生的评价有时给学生留下的印象，甚至比一次教学和一次教育活动更为深刻、更为长久，更有教育意义，也更有教育效果。

对于优秀的学生，教师自然是要表扬鼓励的，让他们朝着更好的方向发展。作为一名教师，更要注重公平，争取给每一位学生成功表现的机会，可以适度"偏爱"学习困难的学生。教师要设法消除这些学生的紧张畏惧心理，对学生在课堂上的表现，采用激励性的评价和适当的表扬。激励性的评价、表扬能让学生如沐春风，进而敢想敢问、敢讲敢做。只有这样，课堂教学才能充满生命的活力，学生的个性才能得到充分的展现，学生的创造、创新火花才能迸发。例如，在练习时，学生在规定的时间内完成教师布置的作业，教师奖励"小红旗"给学困生，有时还主动与他们说上几句悄悄话。学生得到教师的奖励，参与学习的积极性就高了，就会更进一步地去发现问题，发挥前所未有的想象力，从而摆脱苦学的烦恼，进入乐学的境界，极大地发展创新能力。

每个人天生都有自信的一面。小学生起先并不是缺少自信，如果在学习中遭遇过多的埋怨和责备声，自信心就会被渐渐地磨灭。人都需要被肯定，孩子更加需要。如果长时间得不到这种满足，就可能会用另一种较为极端的方式来表达，如叛逆、对抗，搞一些破坏活动来引起你的注意。事实上，小学生特别需要他人的称赞、表扬、鼓励来提升自信，不断地巩固那份自信，尤其是来自教师的鼓励和表扬。教师对小学生的表扬和鼓励是滋润他们心灵的甘露，是吹开他们笑脸的春风，是提升他们学习兴趣最好的利器。

六、基于活动实践建构兴趣课堂

大力开设小学数学活动课，发展小学生的数学能力，新教材的小学数学动手的实践内容很多，适合进行活动课教育教学活动的组织。数学活动课，顾名思义，就是"数学+活动"。活动是形式，是数学内容的载体和实现目标的手段，也是区别课堂教学的主要特点。为此，必须摆脱课堂教学中惯用的教师讲例题、学生练习题的模式，让学生真正"动"起来，使学生在动手、动脑、动口的活动中，发现问题，探索规律，解决问题。数学活动课是数学教学的重要组成部分。开设丰富多彩的数学活动课，向学生进行思想品德教育，发挥学生的主动性、独立性和创造性，丰富学生精神生活，对于开阔学生的视野、拓宽学生的知识、增长学生的才干、发展学生的兴趣和特长、提高学生学习数学的能力，都有着积极的作用。

活动课与课堂教学的目的是一致的，都是实施全面发展教育的重要途径，而且是相辅相成的。但活动课不是课堂教学的延续和重复，它们既有联系又有区别。活动课有着自己的特点：它是在教师的组织指导下，由学生本人根据自己的兴趣、爱好和特长，自由选择，自愿参加；它不受教学大纲的限制，有较大的伸缩性和多向性，教学内容更加广泛和丰富多彩，能够加深和扩展学生的数学知识，可以更好地满足学生的求知欲，贯彻因材施教的原则；它可以采取灵活多样、生动活泼的形式来吸引学生，满足和发展他们学习数学的兴趣和特长，培养他们自学的能力与习惯，勇于追求新知和独立思考的精神，以及把所学的知识运用于实际的能力。激发学生学习数学、运用数学的兴趣，引导学生在已有知识、经验的基础上，从数和形的角度去观察周围的事物，认识生活中常见的数量关系，分析问题、解决问题，培养学生良好的思维品质，适当拓宽学生的数学知识面，结合活动内容进行思想品德教育。例如，结合数学课本的某些内容，适当加深和拓宽数学知识，并引导学生运用所学的数学知识解答一些有趣的数学思考题和综合题，训练和发展学生的思维，培养学生分析问题和解决问题的能力；结合有关的数学知识，介绍一些数学史料、数学家的故事、数学思想和方法，对学生进行爱祖国、爱科学的教育，培养学生肯于动脑、善于思考的顽强学习精神；配合课堂教学的某些内容，制作数学教具和学具，或者进行实际操作、测量活动，培养学生的动手实践能力；组织学生进行一些社会调查，收集常用数据，了解数学知识在社会生产和实际生活中的应用，向学生进行学习目的教育，提高学习数学的积极性和自觉性。数学课外活动的组织形式要灵活多样、生动活泼，既有全校性的，也有班级性的，并且适合小学生的年龄特点，富有吸引力。

一个成功的课堂，必然是多种教学手段和技巧的组合。教师必需具备先进的教学理念、丰富的教学手法，更重要的是要有一颗爱孩子的心。每一个孩子都是一份未来的希望，都是一个独立成长的生命。小学数学教师要爱护每一个学生，引导他们在数学之路上学会知识和学会学习，培养他们的数学技巧和素养，使他们真正成为快乐成长的孩子。

第二节　备课的技巧

数学是一门既抽象又应用极其广泛的基础学科。小学生的年龄特点和认知规律决定了小学数学教师课前准备工作的复杂性。为此，教师需要在课前认真钻研教材，领会教材意图，精心设计教学过程。同时，教师还应做好课前的其他各项准备工作，如师生操作材料、工具的准备，教师演示方法、操作技能的准备，电教媒体选择的准备以及与学习内容相关的知识准备，等等。课前准备是否充分，直接影响教学的效果，而备课则是教师上好课的最重要的前提，也是提高教学质量的基础。

一、正确认识备课的意义

1. 备课是教师形成实际教学能力的主要途径

备课过程就是把教师的可能的教学能力上升为实际教学能力的过程。在备课过程中，要实现"三个转化"：

一是通过熟悉教材，把教材中的知识完全转化为自己的知识，解决好教师"教什么"和学生"学什么"的问题。

二是通过钻研教学大纲和教材，掌握教学目的和重点，并把它们转化为教师教学活动的指导思想。

三是通过研究教学目的、教学内容和学生实际情况的内在联系，找到适合学生接受能力、促进学生智力发展、实现教学目的的最佳教学途径，并将其转化为教师所掌握的有效教学方法，从而解决教师"怎样教"和学生"怎样学"的问题。

2. 备课是提高教师业务水平的重要环节

"教师进行劳动和创造的时间好比一条大河，要靠许多的溪流来滋养它。"教师的每一次备课，都是滋养"大河"的"溪流"。也正是一次次备课，才逐步促进了教师文化水平和业务水平的提高。这就为上好每一堂课打下了坚实的基础。

3. 备课是教师积累经验、探索规律、进行教育科研的重要过程

在备课过程中，教师要深思熟虑，付出艰苦的脑力劳动。既要考虑教学内容和学生实际，深入学习和运用教学理论，又要一切从实际出发，努力掌握教学工作的特点和规律，探索教学改革的新路子。所以，备课是教师积累经验、探索规律、进行教育科研的重要过程。

二、掌握备课的指导思想

备课如同完成其他工作任务一样，必需有鲜明的指导思想。

1. 教学目的的全面性与具体性

教师在确定教学目的时，一定要重视它的全面性。同时，教师还要重视教学目的的具体化，一定要根据教材内容和学生实际，分别将行为目标、过程目标具体化。

2. 教材内容的完整性与可接受性

数学教学要以大纲为根据，既不能降低要求，也不能随意"超范围"。在备课研究教材内容时，可以在完整、准确地贯彻教材编写意图的同时做适当变动。这种变动一定要在考虑学生的实际情况下进行，一定要注意到学生的可接受性。

3. 教学方法的适应性与灵活性

除明确教学目的，确定教学内容外，还要研究应该采用什么样的教学方法最有效。备课必须以教育学、心理学和生理学等科学理论为指导，并在实践中进行反复验证，弄清所采用的方法是否符合本节教学内容的需要，是否适应学生学习的要求。

要注意教学方法的灵活性。同一个方法，对甲班有效，对乙班未必有效。在教同一内容时，不同的班级由于学生情况不同，教师应灵活采用不同的教学方法。

三、把握备课的内容

（一）备教材

1. 研究教学大纲、教科书与参考书

教学大纲是编写教材和进行教学工作的基本依据，教师必须认真学习和钻研教学大纲，弄清所教学科的目的、任务，了解本学科教材的编排体系，明确学科教学特点和教学法的要求。只有这样，教师才能胸中有全局，自觉地按教学大纲的要求安排自己的教学。

教科书是教师上课的主要根据，是学生学习的基本材料。因此，教师通过钻研教科书，熟练地掌握教科书的内容，是顺利完成教学任务的基本条件。钻研教科书的一般步骤：第一步，通读教材，掌握体系，了解编写意图和全书结构，掌握教材的内在联系，研究它的科学性、思想性、系统性；第二步，细读教材，把握知识要点、重点、难点；第三步，精读教材，融会贯通，既准确把握知识的主干，又弄清每个细节（包括全部插图、习题、实验、注释、附录和索引等），使教师的思想感情和教材的思想性、科学性融合在一起，真正内化为教师自己的东西。

与教材配套的各科教学参考书，是根据教学大纲和教科书编写的，是帮助教师理解、掌握教材和写好教案的得力工具。因此，教师在钻研大纲和教科书之后，还要带着问题阅读好参考书，有效地利用好参考书。

2. 搞好对教材的加工和处理

它主要包括：根据教材确定教学目的和要求；根据教学实际对教材进行处理，既紧扣教材，又不照本宣科；要根据学生的实际情况，对教材中的内容或详讲，或略讲，必要时还要做一些增删取舍；调整讲授层次，合理安排授课内容的先后顺序；根据教材的难易程度，有分有合，分散难点。这样就可以使一堂课重点突出、主次分明、难易适度，便于学生接受。

3. 确定教学目标

所谓"教学目标"，是指要达到的预期的教学效果。完整的教学目标一般包括发展性目标和知识技能领域目标两部分。

发展性目标包括：对数学的认识，即通过数学学习使学生对数学与现实世界的联系、数学的探索过程、数学的文化价值有所认识；情感体验，使学生在兴趣与动机、自信与意志、态度与习惯等方面有所发展；数学思维，使学生在定量思维、空间观念、合情推理和演绎推理方面有所发展；解决问题，使学生在提出问题、分析问题、解决问题及交流与反思方面获得发展。

知识技能领域目标包括数与代数、空间与图形、统计与概率、联系与综合。其中，"联系与综合"这个目标是让学生在各个知识领域学习过程中，有意识地体会数学与他们的生活经验、现实社会和其他学科的联系，体会数学知识的内在联系。通过综合运用数学知识和方法，开展各种联系实际的学习活动。

教学目标既是教学目的的具体化，也是评价教学效果的具体标准。因此，教学目标编制必须科学、明确、具体和层次分明。

（二）备学生

备学生主要是从四个方面对各类学生进行了解：了解学生的思想实际（如学习积极性、兴趣爱好、学习风气和学习习惯、家庭影响）；了解学生的知识实际（如基础知识、基本技能状况和薄弱环节，估计可能遇到的困难和可能出现的问题）；了解学生的学习能力实际（如接受能力、理解能力、自学能力、动手能力和应用能力）；了解学生的学习方法实际（如是否有预习习惯、学习方法是否科学、课堂表现活不活跃）。

（三）备教法

教师的责任就是要善于让学生把知识宝库的锁打开，引导学生进去。教学内容的锁就是教材内容的关键部分、重点部分，而关键性的内容一定要讲究教学方法。

选对教学方法，教学效果就好。备课时，不管采用哪种教学方法，都要以启发式教学为指导思想，都要符合学生的认知规律和思维方法。对教学方法的选择要注意几点：要符合教学目的，要依据教学内容，要适应学生，要遵循教学规律与原则，要考虑教学条件。

此外，备教法的同时还应预备对学生学法的指导。教师既要有意识地以科学的教法为学生做示范，又要有计划地直接进行学法指导；既要有针对性地进行具体学法的指导，又要从整体上进行全过程的学法指导；既要进行集体的学法指导，又要进行个别的学法指导。

（四）备实践

学习数学不是单纯的解题训练，现实的和探索性的数学学习活动要成为数学学习的有机组成部分。在数学课堂教学中，要让学生获得自主探索、合作交流、积极思考和操作实验的机会。数学实践活动课要成为数学学习的形式之一。

四、认识备课的种类与形式

（一）备课的种类

1. 学期备课

学期备课是开学前进行的备课，即制订全学期的教学计划。这类备课是对本学期的数学教学内容进行统筹安排，明确教学工作的范围和方向。因此，不能忽视学期备课。学期备课要在学习教学大纲的基础上，通览本册教材和教学参考书，掌握本学科完整知识体系的基本内容，并在了解学生学习情况的基础上，根据学校工作计划，制订数学学科的学期教学计划。

学期教学计划的内容包括：对教材的简要分析；学生情况的简要分析；学期总的教学目标的确定；学期教学进度的安排，规定出各章（或各单元）课时数；学期单元形成性测验题和终结性测验题的编制；提高教学质量的主要措施。

2. 单元备课

单元备课是指在学期备课的基础上，在每单元讲授之前的备课，即制订单元教学计划。其主要任务是：确定本单元的教学目标和要求，明确通过本单元教学使学生在知识、技能、能力、心态等方面发展的具体要求；分析本单元教材在整个教材中的地位及其与前后教材的联系，领会本单元教材的应用，弄清重点、难点；考虑如何落实素质教育，突出重点、突破难点；抓住关键，分析本单元的例题和习题；安排本单元的教学进度。

制订单元教学计划，其内容包括：单元教学的目标要求；学生情况分析；单元教学的重点、难点；单元形成性测验和平行性测验题目的编制及答案的编制；单元中课时的安排，课时的类型划分；主要的教学方法和手段。单元教学计划一般采用表格形式，既节省教师精力，又简明扼要。

3. 课时备课

课时备课是指上每节课之前制订该节课教学计划的整个过程，即编写教案。课时备课要求对每一节课进行缜密的设计，以作为教师在课堂上进行教学活动的依据，这个设计直接关系到上课的质量。编写教案一般包括班级、课题、上课时间、教学目的、课的类型、教学方法、课的进程、时间分配、教具及学具准备、板书设计、课后自我分析等项目。在上课进程中，对原定课时计划可以根据具体情况做适当调整。

（二）备课的形式

1. 个人备课

个人备课既是教师对教材的独立钻研过程，也是一种创造性的劳动。做好个人备课是完成整个备课任务的先决条件。教师既要考虑教学大纲（或课程标准）和教材的要求，又要考虑学生的实际情况，还要考虑自己的特点，努力提高备课的质量。

2. 集体备课

为了上好每堂课，切实保证教学质量，在教师个人备课的基础上，还必须做好集体备课。集体备课共同研究的内容包括：教学的目标；诊断性、形成性和终结性测验及答案；教材的重点、难点；教材的处理；教学方法的选择；作业的选择与处理。其中，着重研究教学目标和教材的重点、难点及单元形成性测验。

为了保证集体备课的质量，应该充分地发挥学科教研组作用，建立切实可行的备课制度；应做到"三定"，即定时间、定内容、定中心发言人；应做到"一提前"，即提前搞好个人备课。在集体备课时，应创造一个活跃的学术氛围，畅所欲言，各抒己见，大胆创新。经过充分讨论，主要方面应统一认识和步调。但在具体教法上，应允许教师根据实际情况灵活处理。

集体备课一般一周一次，主要开展讨论研究，互相交流，并不要求统一教案。每名教师要根据班级实际情况，各自编写教案。

第三节 课堂导入的技巧

课堂导入非常重要，因为这直接决定着能否把小学生的思维和情感引入符合教学规律的状态。良好的课堂导入，就等于课堂教学成功了一半。

一、导入技巧的概念与原则

（一）导入技巧的概念

课堂导入是整个课堂教学的序幕。实践证明，好的导入能在几分钟之内就把学生的注意力集中起来，激发其学习兴趣，使其产生强烈的求知欲，调动其学习的主动性。良好的新课导入更是展示教师教学艺术的"窗口"，是教师对教学过程通盘考虑、周密安排的集中体现，熔铸了教师运筹帷幄、高瞻远瞩的智慧，展现了教师的教学风格。

所谓导入技巧，是指教师采用各种教学媒体和各种教学方式，引起学生注意、激发学习兴趣、产生学习动机、明确学习目的和建立知识间的联系，从而吸引学生主动、积极地参与学习新知的一类教学活动方式。

（二）导入技巧的原则

一般而言，教学导入应遵循以下六个基本原则。

1. 有效性原则

注意力是学习的先导，它对学习的影响是最直接的。小学生年龄小，好动，无意注意占很大成分。所以，上课伊始，有经验的教师都很注意利用导入新课这个重要环节，在极短的时间内，巧妙地把学生分散的注意力吸引过来，使学生的思想从其他外界事物转移到课堂上来。

2. 环境性原则

小学生爱看、好动，处于形象思维向抽象思维过渡的阶段，对于过分抽象的问题，小学生往往感到乏味而百思不得其解。而多媒体具有形象、直观的特点，利用它可使数学课的导入符合学生认知规律。从具体事物到抽象理论，通过学生的直接感知去理解知识。

3. 承上启下原则

数学课的导入要成为联系新旧知识的纽带，体现数学知识内在结构的连续性及数学思想的先进性。而多媒体具有连续移动屏幕、简洁明了、操作简单的功能，利用它可增加导入知识的科学性，容量大，节省时间，提高了课堂效益，优化了导入艺术。

4. 趣味性原则

心理学家布鲁纳认为："最好的学习动机是学生对所学材料有内在兴趣。"我国古代教育家孔子也认为："知之者不如好之者，好之者不如乐之者。"兴趣是学生学习动机中最现实、最活跃的因素，是学生获得知识、扩大视野、丰富心理生活的最重要动力。从小学生的心理发展水平来看，由于他们年幼，生活经验有限，对学习的社会意义理解不够深刻，他们的学习积极性和直接兴趣的强弱成正比。导入应注意培养学生的学习兴趣，激发学生的求知欲，发挥学生的主观能动性，使学生产生学习新知识的愿望、冲动。

5. 启发性原则

好的导入应富有启发性，能激发学生强烈的求知欲，启迪学生的思维，充分调动学生的学习积极性和主动性。设疑置问是课堂教学中点燃学生思维智慧的火花，激发学生学习兴趣的启动器，因而也就成了课堂教学中导入的主要方法。教师在导入时，要根据新知识的难易程度和教学实际，精心设计一些学生"跳一跳，够得着"的问题，达到锻炼学生思维的目的。

6. 针对性原则

新课导入必须根据小学生的心理特征，针对不同年级、不同教材、不同条件、不同环境、不同时间，选择不同的方法。切忌只图表面的热闹，追求形式花样，甚至故弄玄虚，画蛇添足，更不能占用过多的时间削弱其他教学环节。

二、导入的类型

1. 创设情境法

数学内容比较抽象，不好教，学起来索然无味。这就要求教师在教学中把数学问题转化为学生关心的实际问题。所谓创设情境法，是指按照教学内容与教学要求，设计适合学生学习某一内容的情境，产生身临其境的感觉，激发学生有目的地去探索，从而使学生既掌握知识又发展智力的一种引入方法。创设情境的方法很多，主要有三种：一是讲述故事，创设情境；二是提出问题，创设情境；三是动态模拟，创设情境。

2. 设疑激趣法

古人云："学起于思，思源于疑。""小疑则小进，大疑则大进。"学生如果有疑问，心中就会感到困惑，产生认知冲突。教师要善于在静态的教材知识信息中设置矛盾，巧妙设疑，创设良好的思维情境，使学生"心欲求而不得，口欲言而不能"。

3. 游戏导入法

游戏导入法尤其注重寓教于乐教学原则的运用。卢梭说："教育的艺术是使学生喜欢你所教的东西。"一个好的游戏导入设计，常常集新、奇、趣、乐、智于一体且为学生所喜闻乐见，它能最大限度地活跃课堂气氛，消除学生因准备学习新知识而产生的紧张情绪。学生可以在愉快轻松、诙谐幽默的游戏氛围中不知不觉地接受新知识，感悟深奥抽象的道理。

4. 歌谣导入法

歌谣、顺口溜是儿童感兴趣的。在导入新课时，可根据教材内容，编写符合学生情趣的儿歌或顺口溜等来导入新课，以便很快地使学生的注意力集中起来。

5. 谜语导入法

儿童对猜谜语兴趣很浓，有些新知识可以编成谜语，让学生先通过猜谜语的形式导入新课。这种方法可以使学生很快地将注意力集中到课堂上，一开始就处于积极思考的状态中。

6. 以旧引新法

数学知识之间有着密切的联系，表现出极强的系统性。旧知识是新知识的基础，新知识又是旧知识的发展和延伸。学生学习数学知识的过程，实质上是新知识与已有认知结构中的旧知识建立联系的过程。学生对旧知识的理解、掌握、运用的程度，必然影响对新知识的理解和掌握。这就要求教师找准新旧知识的连接点，使学生感到新知识不新，难又不十分难，激发学生的学习兴趣。

7. 直观演示法

小学生在学习过程中的思维是建立在直觉形象的基础上，以表象为支柱的。直观演示法就是使用实物、模型、样品、图画、幻灯片、电视录像等直观教具或手段，由教师演示或学生动手操作，在教师的启发引导下，进行观察思考，以形成表象，创设研究问题情境的一种导入方法。

8. 直接尝试法

有些计算法则虽然算法简单，但是算理难于理解。在这种情况下，可以直接让学生先尝试练习，从中发现新的法则和规律。

9. 经验实例法

经验实例法是指以学生日常生活经验中的实际例子引入新课的导入方法。

三、导入技巧的功能

导入新课是指为上好一节课开个好头，是课堂教学中极其重要的一环，是教师一堂课成功的关键，是学生开阔视野、拓宽思路、接受美的熏陶的重要途径之一。成功的导入紧扣学生的心弦，生疑激趣，促使学生情绪高涨，步入智力兴奋状态，产生学习欲望，调动学生学习的主动性，有助于学生获得良好的学习效果。具体地说，导入技巧具有如下功能。

1. 动机诱发功能

学习动机是直接推动学生学习的内在动力，是一种指向学习任务的动机和求知的欲望。学习是一种有目的性的活动：学习目的越明确，自觉性和能动性就越强，心理状态就越佳；学习越自觉主动，效果就越好。这是心理对学习的促进作用。因此，在导入新课时，要想方设法激发学生的求知心理，把学生内在的自觉性、主动性挖掘出来，变"要我学"为"我要学"。

2. 目标导向功能

良好的课堂导入应使学生明确一节课的学习任务是什么，要达到怎样的教学要求。在课的起始，给学生较强较新颖的刺激，帮助学生收敛课前的各种其他思维活动，让学生的注意力迅速指向课题。

3. 新知识铺垫功能

知识的学习要求循序渐进，温故知新。把新知识蕴含于旧知识的复习或学生原有的经验中，使学生从中找到新知识的生长点，发现新问题的解决方法，利用导语展示新旧知识的联系点，为学习新知识、新概念和新技能做铺垫。这种铺垫把学生学习的兴趣激发起来，学生就会乐于学习。

4. 教学组织功能

古人云："教人未见意趣，必不乐学。"孔子说："知之者不如好之者，好之者不如乐之者。"只要能培养并激发学生的学习兴趣，就可以促使他们聚精会神地去获取知识，创造性地去完成学习任务。教师要利用各种手段调动学生的学习积极性，使学生迅速自然地进入学习情境，形成良好的课堂气氛，充分发挥导入技巧的教学组织功能。

5. 强化探求功能

心理学研究表明，人的大脑接受新异刺激时，大脑皮层会出现优势兴奋中心。这时，大脑处于紧张而愉快的状态。小学生的一个突出的心理特征就是好奇心强，它是学生乐学的动机之一，从而促使学生探求新知。若学生不能自发产生好奇心，教师可以从外部激发。而创设新异的教学情境正是外部激发的最佳途径。

第四节　课堂控制的技巧

课堂教学必需呈现一种有组织、有目的、有规律的状态，学生才能从中学到东西，才能真正领会学习的意义。作为教师，必需学习一些控制课堂的技巧，如此方可真正实现课堂教学目标。

一、控制技巧的概念

课堂控制是指教师为实现课堂教学目标对学生行为（也包括对自身行为）进行的有意识引导、约束和调整，是教师与学生双边活动的统一。

教师对课堂教学的控制是多种因素共同作用的结果。相关的因素有强制性的因素、亲和性的因素、操作性的因素。

强制性的因素包括使学生产生规范感的规章制度、使学生产生尊重感的教师地位、使学生产生敬畏感的奖惩手段和使学生产生压力感的考试考查。这部分因素主要靠的是教师职务的影响力，这是社会赋予教师的权力。强制性因素产生一种威慑力，对纪律与学习自觉性差的学生尤为重要。但强制性因素要有一个"度"，强制过度就产生一种反弹，就会导致学生"破罐子破摔"。实施强制性还应掌握一个"面"，如惩罚手段用于大多数学生，就会法不责众，教师与班集体就会产生一种对立的关系。

亲和性的因素包括使学生产生向往感的教师威信、使学生产生敬爱感的教师人格、使学生产生敬佩感的教师才能、使学生产生亲近感的教师情感。

这部分因素是教师本身具有的，属于个人影响力。主要靠教师的"磁性引力"使学生自觉自愿地按教师指引的方向去努力，心甘情愿地服从，富有极大的教育意义。当然，亲和性因素要在一定的强制性因素配合下才能发挥更大的教育效益。

操作性的因素包括对学生课堂活动做出判断的实践经验、实施教育控制的教育机智、作用于课堂教学质量的技术性能。操作性的因素与教学实践相关，但又不一定与一个教师从教时间的长短成正比。课堂实践中的"有心人"操作水平提高快，他们能够灵活巧妙地改变教法、处理教材，解决偶发事件也应对自如。

二、控制的类型

教师课堂控制的类型包括课堂纪律的管理、教学方法的变化和对突发状况的反应等。

（一）课堂纪律的管理

对于课堂纪律的衡量尺度，人们的认识不尽相同。有些人主张，我们的课堂教学应该有比较宽松的环境、比较活跃的气氛，学生的自由度也应该是比较大的。课堂上，学生可以自由发言，可以随时将想到的问题提出来，要求教师给予解答。课堂上既有教师讲，也要有学生讲。教师讲时学生听，学生讲时教师听，学生也听。学生通过教师的讲学到知识，教师通过学生的问受到启发，生生之间通过讲与问得到提高。这样的课堂能充分发挥学生学习的积极性和主动性。

也有人认为，根据我们的实际情况，每个班的学生多，个别学生的自觉性不高。因此，看课堂是否安静、学生是否用心听教师讲课，是衡量课堂纪律好坏的基本尺度。课堂是学习的场所，既要使学生学有所得，又要生动活泼，这是我们所期望的。良好的课堂纪律成为我们完成教学任务的根本保证。因此，要求教师在进行课堂纪律管理的时候既要不断地启发诱导，又要不断地纠正某些学生的不良行为，以保证课堂教学的顺利进行。

课堂纪律管理可分为以下几种类型。

1. 集中学生的注意力

集中学生上课的注意力是减少学生不良行为的"治本"方案，是课堂纪律管理的最好方法。因此，教师要认真研究小学生注意力的特点，善于把学生的注意力集中于课堂教学。

注意可分为有意注意和无意注意。有意注意是指有预定目的并要发挥主观努力去支配的注意；无意注意是指没有预定目的、不由自主的、不需要主观努力的一种注意。

根据心理学的研究，小学生的注意有三个特点：第一，小学生的有意注意正在发展，但无意注意仍起着主要作用；第二，小学生容易被一些直观的、具体的材料所吸引，对一些抽象的道理却不够注意；第三，小学生尤其是低年级学生的注意易分散且不能持久，并带有强烈的感情色彩，易被新奇有趣的事物所吸引。

在教学过程中，如何根据小学生的注意力特点进行课堂管理呢？

一是启发学生注意的自觉性。根据小学生有意注意正在发展，无意注意仍在起作用的特点，教师上课时对学生的学习要尽可能提出明确的要求，使学生明确学习目的，启发他们注意的自觉性。特别要引起教师重视的是，讲课一开始，就应该唤起学生的注意。教师在讲课时，先要讲清学习这节课的目的及重要性，使学生对本节课要学习什么内容、为什么要学习这部分内容有比较明确的认识，启发学生把注意力集中在学习的主要内容上。教师在教学中，要结合学生的思想实际，加强学习目的性教育，树立正确的学习态度。同时，在学习每一部分教材内容时，也要向学生讲清学好这一部分知识对以后继续学习和对实际生活的作用。另外，在教学过程中也可以采用"激疑"等方法吸引学生的注意。

二是克服学生注意力易分散的弱点。注意力分散是直接影响学生听课效率的重要原因之一。如何使学生在注意力易分散的情况下保持相对稳定，是值得每一名数学教师好好研究的一个问题。为了使小学生的注意力保持相对稳定，教师在教学过程中应根据学生不同的年龄阶段、不同的教材特点，运用灵活的讲课方法吸引学生的注意力。在低年级，教师应运用直观教具、生动形象的图形、实物演示等，让学生通过看、做、想获得知识；在中、高年级，除继续使用一些教具、图形外，教师还要注意一节课中教学方法的变换，如交替运用讲解、谈话、自学、阅读、练习等方法，稳定学生的注意力。

三是运用学生有意注意与无意注意互相转化的规律，保持学生良好的注意。教师在课堂教学中，既要运用教具，如实物、图表、模型，来引起学生的无意注意，又要恰当地运用提问、讲解等手段牵引学生的有意注意，使学生的这两种注意在课堂里有机地、自然地交替进行，以便提高学习效率。

2. 一般课堂问题处理

在课堂教学中，学生的问题行为是多种多样的。因此，处理问题行为的方式也应该是灵活多样的。一般来说，处理课堂问题行为的技术主要有以下方面。

一是暗示控制。当学生出现注意力涣散、做小动作、交头接耳等问题行为时，教师可以通过一定的暗示动作来提醒、警告学生，从而在不影响他人的情况下实现控制的目的。

二是提问同桌。当学生不专心听讲或在课堂上偷看其他书时，教师一般可通过提问该学生的同桌或近邻的学生来提醒和警告他，这样可以避免因突然直接提问该学生可能引起的小麻烦，如因毫无准备而显得惊慌失措，答非所问，进而引起其他同学的哄笑等。

三是运用幽默。当课堂气氛沉闷，学生注意力下降时，教师可通过讲个小笑话，或讲几句幽默有趣的话来调节气氛，防止问题行为的出现。

四是创设情境。当学生疲劳，不专心听讲时，教师可适当创设一些活动情境，让学生参与一些活动，如小竞赛、小表演、小制作，以达到激发兴趣、提高效率的目的。

五是正面教育。如果以上方式都不奏效，教师对严重扰乱课堂秩序的学生就要正面给予严肃批评，指出其缺点，制止不良行为。当然，正面批评要坚持晓之以理，尊重学生，要避免批评时情绪激动、言辞尖刻浪费时间等，以免扩大事态，影响正常教学。

3. 对个别问题行为学生的处理

我们把经常在课堂上出现违反纪律的行为的学生称为问题行为学生。一个班级里往往有这样的学生，当然只是个别的。对待这类的学生，教师首先应该认识到，这不是学生道德观念上的问题，一般是出于好奇或管不住自己，并不是故意扰乱课堂秩序。教师应当创造一种互相信任、自然亲切的气氛，在没有抵触情绪的情况下对他们进行教育，而不是一味地批评。具体来说，可采用以下方法：

一是教育与表扬相结合。当个别学生的不良行为在课堂上出现的时候，只要不影响大局，不对周围的学生造成大的干扰，教师可不理睬他。在有些课堂上，教师也可安排一些活动，如观察教具、摆学具等；或讲述一个生动的实例，用幽默的语言活跃一下课堂气氛，以吸引众多学生的注意。当问题行为学生也开始注意，并估计他能回答有关问题时，教师可叫他站起来回答问题（请注意：不是惩罚性的），然后讲出他开始时没有注意听课，现在因注意听而答对了，给予表扬。这样做，促使这名学生既能认识自己行为的错误，又能改正错误。

二是鼓励与行为替换相结合。教师应经常为存在不良行为的学生提供合乎要求的行为。例如，在教学中，教师组织学生对某个问题进行讨论时，有的学生说些与讨论无关的话，或做其他的事，影响讨论的正常进行。遇到这种情况，教师可以事先指定，请他代表讨论组发言。如果发言较好，可让全班同学为他鼓掌以示鼓励。这样一来，就使个别学生在不良行为和替换行为之间作出选择，从替换行为中得到心理满足。

三是教育与批评相结合。对个别学生的批评不是目的，而是一种教育手段。目的是让他铭记在心，以后不再犯。如果在批评之前帮助他明辨是非，使他明白对他的批评是合理的，就能产生更好的效果。

（二）教学方法的变化

教学方法的变化是指教师在课堂教学中通过变换教学方法来调动学生的学习积极性、完成教学任务的行为方式。这种变化使得不同教学方法在同一课堂教学中有机组合协调，有利于教育与教学的统一。教法与学法的统一有利于调动教学双方的积极性，从而实现课堂教学的整体优化。

（三）对突发状况的反应

在课堂管理中，突发状况是最令教师头痛的事。由于它是偶发性事件，而且是在教学过程中出现的，所以，教师用来估计形势和选择处置办法的时间很短暂。这时，就需要教师利用自己的经验和机智尽快做出反应，对教学进行有效调控。

1. 从狭义上来讲

对课堂教学中突发状况的反应能力，从狭义上来说是教师对扰乱教学活动的行为与状况采取的课堂行为。一般来说，应付扰乱教学状况的办法有三种，即冷处理、温处理和热处理。

所谓冷处理，即教师面对偶发事件处之泰然，见怪不怪，不批评指责，以比较冷静的方式加以处理。常见的冷处理方式有发散、换元和转向三种。发散是指教师将全班学生视线的焦点从突发状况上"发散"开，避免事件继续成为关注的焦点。换元是指教师巧妙地将发生的事件转为教育的材料，借助事实启发学生。转向是指教师用新颖别致的方式，将学生的注意中心引到教师所安排的方向上来。

所谓温处理，即教师对于因为自己疏忽、不慎所造成的不利影响，如板书错别字、发音错误等所引起的课堂骚动等，应态度温和地及时承认失误，并自然地过渡到原教学活动的程序中。

所谓热处理，即教师对一些偶发事件趁热打铁，加以严肃批评教育和果断制止，然后尽快转入正题。这种处理方式主要是针对严重扰乱课堂秩序和屡教不改的违纪行为的。运用这种处理方式时应注意：不要长时间中断教学；批评应清楚而肯定，不要有粗鲁和威胁性语言，避免出现"顶牛"现象；批评应围绕一个中心，不要多方非难，要特别避免出现"波浪效应"，即不因指责一个学生而波及全班；教师应避免苛刻而大动感情的指责。

2. 从广义上来讲

对突发状况的反应是指教师对学生的反馈信息做出的调控行为，是教师在课堂上所做的比较高水平的动作，既是一种教育机智，也是一种可操作、可培养的课堂教学技能。

错误在学习过程中司空见惯。法国"做中学"科学方案中有这样一句话："永远不要对学生说'你错了'。"虽然有些绝对，却有其积极的意义。不轻易对学生说错，而是挖掘学生错误中的积极因素，不仅能保护学生的自尊心和学习积极性，而且有利于鼓励学生大胆思考，通过暴露思维过程来修正错误、消除疑惑，进而正确构建新知。

只要课堂存在，教学意外就必定伴随始终。很显然，并非所有的意外都有价值。新课标背景下的课堂纪律比课改前总体上要活，教师要调控好课堂，维持必要的课堂秩序。但我们教师要有一双慧眼，能透视课堂，敏锐捕捉这些意外中有价值的信息，把它们利用到课程资源中去，并充分发挥教学机智，灵活调整预设，让动态生成的课堂多一份精彩。

三、控制技巧的功能

1. 熏陶感染功能

俗话说："近朱者赤，近墨者黑。"良好的课堂调控技能可以在课堂上营造一种强烈而感人的气氛，创造开拓进取、勤奋向上的课堂环境，使学生在这种气氛和环境中，依靠教师调控技能上的感染力的长期继承和发展，持续地发挥潜移默化的交互效应和指导作用，产生强有力的教育效果，使学生接受良好的熏陶感染。

2. 开启智力的功能

良好的课堂调控技能具有较强的艺术性，如利用课堂调控技能，有针对性地对学生进行引导、点拨、赞许、鼓励，其意殷殷、其言谆谆。既能搭设心桥，发掘学生创造潜力、自主探究学问、汲取知识的动因，又能形成融洽的教学氛围。由于移情作用，课堂上融洽和谐的师生感情，可以使学生由敬佩、尊重教师转化为热爱、尊重教师所教的课程，从而促进学生智力的开发。

3. 约束同化功能

良好的课堂调控蕴藏着和谐的教育诱导氛围，既调节课堂全体成员的心理环境、课堂行为和精神态势，又约束那些不符合课堂规范的动机和行为，并使之与统一的、规范化的课堂教育要求合轨。

第五节　课堂情感交流的技巧

作家梁晓声在《情感高于技法》一文中说过这样的话："如果分析一下自己的某些作品，自己认为较为满意的，总是倾注了我的情感，倾注了我对许多和我有过同样生活道路的人们的情感。"如果我们把一堂课比作一部作品的话，那么，一堂成功的课也必然倾注了教师的情感。心理意义上的教学是人与人心灵上最微妙的接触和融合。凡是给人成功乐趣的脑力劳动，总会收到发展学生能力的结果。积极的心态是潜能永恒的开拓者和催化剂，而教育的理想就是使所有的孩子都成为幸福的人。由此可见，教师如何实现与学生的情感交流，是提高教学效率的前提，是教育能否奏效的关键。

一、情感交流的教学功能

所谓情感交流，是指师生在课堂教学过程中，恰当运用情感因素，实现师生之间的情感沟通，发挥情感教学功能的教学行为方式。情感交流在教学中具有独特的教学功能，概而言之，有如下几种：

一是感染功能，即教师的情感具有对学生的情感施加影响和感染的功能。教学"以情动人"，师生"情感共鸣"，就是其典型表现形式。

二是动力功能，即教师的情感具有发动维持和推动自身施教活动的功能。列宁说过："没有人的情感，就从来没有也不可能有人对真理的追求。"

三是信号功能，即教师的情感通过表情外显具有教学信息传递作用。教师的面部表情、体态表情和言语表情是其情感的外部表现，是教学信息的载体之一。作为"非语言行为"，在"只可意会，不可言传"之时，显得尤为重要。

四是定向功能，即教师的情感具有促进稳定在一定的方向上，并朝着一定目标运行的功能。教师的"情感投资"一旦使学生"动之以情"，就会成为他们努力达到此目标的积极力量。

五是迁移功能，即教师的情感具有激活学生的情感，促进学生将此情感迁移、扩散、泛化到有关对象上去的功能。"爱屋及乌"是情感所引起的"情知交融"，是师生情感水乳交融、教学气氛轻松和谐的具体表现。

二、情感交流的基本法则

教师的情感投入，通俗地讲，就是教师用感情投资换取学生的信任和从事学习活动的积极性。教师的情感投入是换取教学成功的先决条件。

1. 热爱

所谓热爱，是指教师对教育事业和学生的热爱。教师只有从这种热爱出发，才能在课堂教学过程中做到满腔热情，精神饱满，以充满激情的活力去感染、教育学生。"教育之没有情感、没有爱，如同池塘没有水一样。没有水就不能称其为池塘，没有爱就没有教育。"爱是教育的源泉。教师要热爱自己的职业和学生，爱得执着、爱得深切。

2. 专注

所谓专注，是指教师在课堂教学中神情集中，自始至终给学生一种专心致志的感觉。有了这种感觉，学生会不自觉地被教师所吸引。如果没有这种专注感，课堂教学中就会漫不经心，错漏百出，情感的表达和交流就无从谈起。要形成课堂教学的专注感，教师要深入钻研教材、熟悉教材，细心体会和品味教材表现的情感，充分利用教材流露出的情感去拨动学生心灵的琴弦。

3. 真诚

所谓真诚，是指教师的情感投入是发自内心的真情实感。教师的真情实感最容易引起学生感情的共鸣，并借以赢得学生对教师的无比信赖。魏巍在《我的老师》一文中所记叙的蔡老师那"轻轻地放在石板上"的教鞭，这一"欲打"的假动作将蔡老师复杂的心理和真诚的情感淋漓尽致地表现出来。打是假，爱是真。

三、情感交流在教学中的实践应用

1. 创设问题情境，激发学生的学习情感

数学是一门美感性很强的学科。华罗庚说过："数学本身具有无穷的美妙。认为数学枯燥、没有艺术性，这种看法是不正确的。"作为教师就应该像艺术家一样，拉开教学情感的序幕，创设让学生感兴趣的心理环境。只要教师能够深钻教材，挖掘美的因素，精心布设具有形式美和内在美的情境，就能有效地激发学生的情感，促进知识的迁移，加速学生的认识和理解，使学生尽快稳定情绪，进入学习角色，起到导学的作用。

一堂好的数学课，就像一曲优美的旋律，促使学生在教师的启迪下，始终保持浓厚的学习兴趣。这就要求教师在教学环节变换中，注意学生的思维坡度，做好合理铺垫，维持学生热情，引发学生情感。

2. 以情化动，培养学生的学习情感

数学学科具有高度的抽象性、严密的逻辑性。要使学生在学习抽象的数学知识时感到有兴趣，就应该把抽象的数学概念形象化、静态的概念动态化。特别是动手操作，更能帮助学生丰富表象，架起由感性认识到理性认识的桥梁。

3. 融洽师生关系，诱发学生的学习情感

良好的师生关系，能使学生感到愉快，乐于学习。在数学教学中，教师首先应做到把微笑带进课堂，以教师的乐教促学生的乐学。譬如，当学困生上课发言出现差错时，教师给予他们的不是大声指责，而是亲切适度的鼓励："你能举手发言，这是积极动脑的表现，很好。""别急，再想一想，你肯定能做对的。"有些题目在教师的引导下，再让他们自己订正；有些不能当堂解决的错题，就课后跟踪补缺。教师的这种信赖很容易唤起学生的学习积极性。

实践证明，情感规律对学生的学习兴趣起着相当大的作用。融洽的师生关系能诱发学生的学习兴趣，会收到意想不到的教学效果。

4. 参与实践，体验学生的学习情感

实践是认识的源泉，也是情感调控的重要途径。教学过程中的"比一比、分一分、画一画、填一填"等动手操作、动口表达、动脑思维，能使学生多种感官协同参与活动，缩短学生与知识之间的距离，增强学习的真实感，使学生在知识发生、发展、形成的过程中体验主动探索的快乐。

5. 以疑激疑，促进学生的学习情感

"学贵有疑，小疑则小进，大疑则大进。"疑是探索新知的开始，也是探索求新的能力。不断发现问题、提出问题是思维活跃的表现，是勤于动脑、善于思考的表现。亚里士多德有句名言："思维是从疑问到惊奇开始。"培养学生的问题意识，让每个学生都会质疑，对于激发学生主动参与课堂教学，寻找解决问题的途径，培养创造性思维，具有重要的意义。学生通过学习，必然会有所得，或懂得，或有疑，尽管每个学生都存在着差异，因而要给学生展示有得有疑的机会。

6. 以情促练，提升学生的学习情感

我们认为，看一堂课是否得到真正的优化，应该做到五个"有利于"，

即有利于激发学生的学习兴趣；有利于基础知识、基本技能的落实；有利于智力开发、能力培养；有利于全面提高教学质量；有利于减轻学生过重的课业负担。情感具有动力、调节、迁移等多种功能。然而，在教学实践中，不少教师只注重知识性信息交流，却忽视师生之间及教学内容之间的情感交流，不注重发挥情感在教学中的重要作用，以至于难以收到最佳的教学效果。

练习是学生形成完整认识结构不可缺少的环节。任课教师从激发学生求知的情感出发，通过有效、有度和分层次的练习，强化学生对重点、难点的理解，提高学生解决问题的实际能力，努力使知识能力协调发展。同时，通过及时反馈、积极评价，使每一名学生都能在全面参与中获得成功的体验，增强学习信心，保持旺盛的学习热情。

一是练习设计中恰当地创设竞争氛围。竞争是较常用的激情方式，竞争心理一旦形成，学生就会有不可阻挡的学习热情。

二是练习设计体现层次性。在新课讲授中，学生的头脑常常容易由紧张的积极思维逐渐转向松弛状态。为使学生的精力始终处于最佳状态，确保练习效果，教师必须精心设计每一个练习题。

三是创设悬念，激发学生的求知欲。古人云："学起于思，思源于疑。"人的思维是一个从发现问题、分析问题到解决问题的过程。所以，发现问题是前提。只有有所发现，才能有所发明、有所创造、有所前进。课堂教学也是如此，学生只有发现问题，才能产生求知欲，唤起浓厚的学习兴趣。

实践证明，在数学课堂教学中，实施情感交流能创造出良好的课堂气氛。创造良好情感气氛的途径很多，最重要的因素是教师的作用。正如罗杰斯所说："课堂气氛主要是教师行为的产物，奏效的气氛将首先取决于教师做了什么以及他怎么做。"因此，作为教师一定要善于开发情感的源头，激发学生的情绪区，注意师生的情感交流，加强情感教育的渗透，创造良好的课堂情感气氛，以达到教师愿教、爱教、乐教、会教、善教，学生愿学、爱学、乐学、会学、善学的理想境界，从而获取数学课堂教学的高质量、高效率。

第六节　课堂教学评价的技巧

课堂教学过程是一种特殊的认识过程，是一个由多要素组成的复杂的动态系统。长期以来，教学状况的优劣常常是以考试成绩作为评价的唯一依据。随着教学改革的不断深入，国内外教育、教学理论的学习越来越被广大教育工作者所重视，各种有关教学活动的信息交流越来越多，课堂教学的"门"逐渐打开，听课、评课活动也随之广泛开展起来。究竟什么样的课算是一堂经济、有效的好课，怎样才能做到客观、公正地评价，已经成为教学改革中的新课题。

一、评价的概念与原则

现代教育评价作为衡量教育质量的科学手段，是一门正在形成、发展的新兴科学，它随着社会的进步、教育事业的发展、教学改革的不断深入而日趋完善。我们对课堂教学评价的含义、功能、地位及作用等问题的认识，也会随着教育评价实践的认识而不断提高和发展。

（一）评价的概念与作用

1. 评价的含义

从教育评价的一般概念出发，课堂教学评价可以这样阐释：在一定的教育价值观的支配下，运用科学的方法和正确的途径，对课堂教学系统中的各个要素进行价值判断，从而为改进教学决策提供依据，是一种遵循一定程序的系统活动过程。课堂教学评价就是对课堂教学目的、教学内容、教学结构、教学方法、教学手段、教师素质及教学效果等一系列要素作出价值判断。当然，价值判断不是根本目的，由价值判断分析课堂教学过程的得与失，诊断教学双边活动中存在的问题，为进一步提高课堂教学效率提出改进的意见与建议，促进教学目标的实现，出色地完成教学任务，使学生在德、智、体、美、劳都得到健康和谐的发展，才是评价的最终目的。

2. 评价的功能

课堂教学评价功能是指课堂教学评价系统中各个要素所发挥的有效作用。课堂教学评价的功能是多方面的，具体包括如下四种：

一是价值判断功能。开展课堂教学评价，就是根据课堂教学评价的指标体系，去客观地衡量教学双边活动是否达到了教学的各项要求，对其优劣程度作出科学、公正的判断。由此可见，价值判断是课堂教学评价的首要功能。

二是导向功能。课堂教学评价指标体系中各级指标和指标的权重系数，为教师和学生明确了教与学的努力方向，体现了方向性。因此，课堂教学评价具有导向功能。

三是激励功能。通过课堂教学评价，及时获取大量信息，可以使被评者既看到经过努力后所取得的进步，也能够具体地指出教学中的偏差与不足，有利于激发被评者的内部活力，调动其奋发向上的热情。这是课堂教学评价所产生的激励功能。

四是改进功能。通过课堂教学评价，可以及时调控和改进课堂教学的教学进程和教学方法，使教学双边活动朝着整体优化的方向努力，提高教学质量的整体水平。因此，课堂教学评价具有改进功能。

课堂教学评价本身不是决策，只有通过对信息的收集和整理，经过比较、分析、综合等处理以后，才能为教学的发展和改革提供决策性的意见和建议，才能使课堂教学评价从不同的角度去充分发挥它的价值判断、导向、激励、改进等方面的功能。

3. 评价的意义

课堂教学是教学活动的基本形式，教学质量的高低与全面贯彻教育方针、全面提高教育质量关系密切。因此，评价课堂教学绝不是无足轻重或可有可无的小事，而是教育、教学的客观需要。可以这样说，没有评价就没有质量的不断提高，质量来自科学、公正的客观评价。

对课堂教学的评价要做到客观、全面、科学、公正，必须摆脱凭感觉、凭印象的经验型的评价模式，取而代之的是应该建立一个能综合反映课堂教学质量特征的评价指标体系和评价标准，为优化课堂教学结构，改进教学方法，减轻学生负担，提高教学质量做出贡献。

（二）评价的原则

原则是人们在实践中的行动准则，是说话或办事所遵循的基本法则。评价的原则是评价的理论依据和评价的指导思想的具体体现。评价的原则可以用来统一评价者的认识与行动，防止评价者在评价过程中受主观认识水平和个人情感的干扰，造成评价工作失实、失真，同时它也是组织实施、协调控制评价过程的保证。正确的评价原则有利于端正主评者与被评者的态度，克服认识上的主观性、片面性和随意性，从而提高评价的信度和效度；有利于促进评价工作的科学化、规范化和有序化的程度，增强评价工作的客观性、全面性和准确性。

1. 教育性原则

教学活动本身就具有鲜明的教育性。评价必须以全面贯彻教育方针、全面提高教育质量为目标，评价的指标体系和评价标准必须充分体现正确的教育价值观。

坚持评价的教育性原则，应表现在课堂教学的评价过程一定要成为教育过程。充分发挥评价的导向、激励、改进等功能，通过评价，使教师和学生都能在各自不同的基础上有所前进、有所提高。

坚持评价教育性原则，还应重视教师的自我评价。教师作为教与学这对矛盾的主要一方，在课堂教学评价中，既是评价的客体，又是评价的主体。要充分调动教师进行自我评价的积极性，增强其参与意识，使评价过程成为教师自我认识、自我剖析、自我完善的过程。

2. 情感性原则

情感是学习活动的"催化剂"，它与认知能力的发展互为前提、互相促进，是不可分割的两个方面：一方面，认知活动可以促进情感的分化，可以提高情感交往能力，升华人的情感境界；另一方面，情感因素可以成为学习活动的动力系统。积极的情感体验还可以直接、间接地转化为人的动机和意识，提高人的学习效率。因此，加强师生之间、生生之间的情感交流，使教学情感化，也是评价课堂教学的一条重要原则。

3. 创新性原则

培养学生创新精神和实践能力，是课堂教学的一项重要任务。课堂是培养学生创新精神的主渠道，但不是所有的课堂教学都能培养学生的创新精神。课堂既可以是培育创新精神的摇篮，也可能是窒息创新的坟墓。以教师为中心、以教材为中心、以应考为中心的那种课堂永远不会培养出真正的创新型人才。课堂教学评价要突出对学生创新意识、创新精神和创新能力的评价。通过评价，激励教师和学生的主观能动性、创造性。特别是激励学生能大胆质疑、大胆猜想、大胆探索，敢于逾越常规，学会从不同角度寻找解决问题的多种方法，培养学生思维的深刻性、独立性、灵活性、批判性和敏捷性。因此，创新性原则在课堂教学评价中有着特殊的意义。

4. 科学性原则

课堂教学的评价指标是衡量课堂教学质量的客观标准。因此，评价指标应该是反映课堂教学活动本质特征的，是遵循课堂教学规律的，是适应深化课堂教学改革需要的。当然，数学课堂教学评价还应该是符合小学数学学科教学特点的。评价指标的制定还必须以现代教育学、心理学、教学认识论为理论依据，以"三个面向"为指导方针、以正确的教学思想为前提，结合当前课堂教学的实际和深化改革的需要，进行全方位的考虑。依据评价指标体系确定的评价标准，既不能定得过高，也不应定得过低。标准定得过高，多数教师达不到，望而生畏，必然会挫伤广大教师参与评价的积极性，甚至产生逆反心理；标准定得过低，多数教师不需要努力就能轻而易举达到，也失去了评价的导向、激励、改进的功能。因此，科学性原则是对课堂教学进行客观、公正评价的重要前提。

5. 可行性原则

评价的程序和方法应该考虑它的可行性。评价程序过繁、方法过难，都会给评价工作带来麻烦，而使评价者难以操作。因此，在注重评价指标体系和评价标准的教育性、整体性、客观性、科学性的同时，还要注意到评价程序和评价方法的可操作性，使评价者感到评价标准明确、具体，评价程序和方法简便易行。

总之，课堂教学评价既是教学工作的一个重要组成部分，也是推动课堂教学结构改革、提高课堂教学效率、端正教学指导思想不可缺少的一把标尺。课堂教学评价原则并非孤立存在，而是互相补充、互相配合、相辅相成的。只有坚持评价原则，才能使评价工作达到预想的效果。

二、评价的要素、标准与方法

（一）评价的要素

课堂教学评价是属于微观的教育评价。为使课堂教学评价指标能够成为对课堂教学作出客观评价的标准，必须使评价指标覆盖课堂教学这个动态系统的全部要素。也就是说，对课堂教学的评价应从教学目的、教学内容、教学过程、教学方法、教师素质、教学效果、教学特色等方面进行。

1. 教学目的

教学目的是教学活动的出发点和最终达到的目标，也是确定教学内容、选择教学方法、检查和评价教学效果的依据。所以，制定教学目的是进行课堂教学应首先考虑的问题。

正确地、实事求是地确定教学目的，是完成课堂教学任务的前提和关键。教学目的的确定必须正确处理教学大纲、教材、学生实际这三者之间的关系，从知识、能力、思想教育这三个方面去考虑，认真贯彻教育、教学、发展相统一的原则。

教师要善于将单元教学的总目标分解成为每课时应实施的明确、具体、切实可行的教学目的，教学要求应恰如其分，符合学生的实际认知水平。

2. 教学内容

教学目的是通过一定的教学内容来实现的，教学内容的安排使教学目的的实现具体化。每课时要明确学什么，先学什么，后学什么。在例题的选择和练习题的设计上，要突出基本概念、基本原理、基本规律、基本事实，使学生能正确理解和掌握数学概念、性质、定律、法则、公式、数量关系和解题方法等基础知识。教学内容要有利于培养学生具有进行整数、小数、分数等四则计算的能力；要有利于培养学生观察比较、分析综合、抽象概括、判断推理等初步逻辑思维的能力；要有利于帮助学生形成关于简单几何形体形状、大小、相互位置关系的表象，培养初步的空间观念；要有利于培养学生运用所学的知识解决简单的实际问题的能力；还要有利于进行思想教育。

教师要保证教学内容的科学性，重视数学知识本身的系统性和逻辑性，并具有较强的处理教材的能力。

3. 教学过程

课堂教学过程是在教师有目的、有计划、有步骤地组织下，引导学生积极主动参与、获取知识、培养能力、促进个性全面和谐发展的过程。教师要以整体的观点、动态的观点、发展的观点去精心安排教学过程，形成一个良好的、严密的课堂教学结构。

教学思路要符合教材的知识体系和学生的认知规律，清晰、有层次；环节与环节之间联系紧密，过渡自然；在突出教学的重点和突破难点上，要安排行之有效的教学程序；教学容量要适宜，教学密度要得当。

总之，教师对教学结构的整体设计要科学，时间分配要合理，教学过程要始终围绕教学目的进行。

4. 教学方法

教学方法是为了实现教学目的、完成一定的教学任务，师生在共同活动中所采用的手段。这里既包含教师教的方法，也包含学生学的方法。教学方法是受一定的教育思想支配的，在正确的教育思想指导下选择的教学方法，符合小学数学学科的教学特点和小学生学习数学知识的心理特点，能够发挥教师在教学中的主导作用和学生在学习中的主体作用。

教学有法，但无定法，贵在得法。教学方法的选择要讲求实效，要从教学内容的实际需要出发，往往是不同的教学方法有机地结合使用。但是，不论采用何种教学方法，都要坚持启发式，要有利于调动学生参与学习的积极性和主动性，要有利于学生的观察能力、动手操作能力、语言表达能力、想象能力、初步逻辑思维能力等各种数学能力的培养。

练习的设计要有针对性、有层次，形式要多样，练习的安排要得当，信息的反馈要及时、全面；要充分发扬教学民主，为学生质疑、大胆陈述不同见解创设良好的外部条件；要始终坚持面向全体、统一要求和针对学生的个别差异、因材施教相结合的教学原则。

总之，教师所选择的教学方法，能够使不同认知水平的学生，在原有的基础上都得到较好的发展。

5. 教师素质

为人师表是教师的基本品质，教书育人是教师的神圣职责。教师在课堂教学中应该做到：教态亲切，仪表端庄，举止自然；语言准确简明、合乎逻辑、生动形象、富有启发性和示范性；板书字迹工整，布局合理，条理清楚，利于小学生理解和记忆；直观教具选择得当，演示准确、熟练，并能恰当地运用现代化教学手段辅助教学；指导学具操作目的明确，要求具体；组织教学活动有条不紊，反馈信息处理得当，观察敏锐，应变能力强；能够调动不同层次的学生参与学习的积极性，使学困生也能与群体共享学习取得进步和成功的喜悦。

6. 教学效果

从课堂教学反馈的信息中检验教学目的实施和教学任务完成的情况。观察学生是否掌握所学的基础知识和基本技能，其智能是否得到培养和发展，是否受到应有的思想教育；学生参与学习认识活动的面是否宽，思维是否活跃，信息交流是否多向、畅通，教师提问的水平与学生答问的质量是否高，学生是否敢于质疑，课内练习的正确率是否高，反馈是否及时、全面，整体效果是否好。

7. 教学特色

课堂教学不仅达到了评价指标中的各项基本要求，还在某个方面显示与众不同的突出表现。例如，教学方法的改革有新意；自制教具、学具有创意；运用现代化教学手段有特点等。不仅对教师在课堂教学中的创造性劳动要给予支持，还要鼓励教师根据自己的优势、长处，形成具有特色的教学风格，使我们的课堂教学既循规蹈矩、稳扎稳打，又生动活泼、异彩纷呈。

以上阐述的课堂教学评价要素，为具体制定课堂教学评价指标和评价标准提供了依据，使课堂教学评价真正成为衡量和提高教学质量的准则和尺度。

（二）评价的标准

对课堂教学进行价值判断，必须有一个客观的评价标准。否则，仁者见仁、智者见智，每个人都用自己心目中的尺度去衡量，那么，对同一节课就有可能得出不一致甚至完全相反的价值判断。

课堂教学评价标准的制定要贯彻教育性、整体性、客观性、科学性、可行性等原则。评价标准要比较具体地、全面地反映评价指标，使评价指标这一抽象的目标具体化、可操作化。建立指标体系并不容易，需要做大量的、科学的调查统计，综合筛选，分层整理。

（三）评价的方法

1. 做好听课准备

听课前，评课人要熟悉教学大纲对本单元教学内容的教学要求；了解教学的具体内容在单元中的作用和地位，与前后知识的联系；查阅授课教师的教案设计，初步了解其对教材的分析、理解是否符合大纲要求，对重点、难点的把握得是否准确，教学过程安排是否得当等。

2. 做好听课记录

在听课过程中，评课人要认真做好听课记录。记录教学进程中每个环节内容的安排与呈现的层次，以及各个环节所用的教学时间；记录教师引导与设问的主要内容，学生的参与及应答情况；记录收集信息的手段、反馈的次数、处理信息的方式；记录教态、板书以及教师处理问题的机智和应变能力；记录评课人即兴的感受等。

3. 填写评课意见

评课人应对这节课的优缺点，进行全面的、简要的定性分析。有条件的话，还应听取授课教师的自评意见及学生的课后反应，然后综合写出对这节课的评语，明确指出主要优缺点与进一步改进教学的意见或建议。

如果是多人评课，应组织评议，主持会议者不作倾向性的引导，让评课人各抒己见，充分交流，以便补充和修正个人认识上的某些片面性。有条件的话，听取教师自评意见及学生的课后反应，然后综合写出对这堂课的评语。

第七节　课堂练习设计的技巧

　　课堂练习作为帮助学生巩固和消化所学知识并转化为技能的重要环节，其重要性不可忽视。在数学教学中，它是学生把知识用于实际的初步实践，是教师了解学生和检查教学效果的一个窗口，更是学生实现自我的梦工场，是一种培养学生能力、开发学生思维的手段。

　　因此，认识练习的功能、把握练习设计的原则、克服练习中存在的一些问题，成为减轻学生过重负担、提高教育教学质量、实施素质教育中的一个值得研究的课题。

一、课堂练习的功能

　　练习的功能是指在数学教学这个系统中，练习所发挥的有效作用。

1. 教学功能

　　在数学教学中，没有一节课是只讲不练的。专门用来进行练习的"练习课"自不必说，即便是"新授课"，也要安排各种性质的练习，如"新授课"前组织基本功练习或为学习新知做好知识迁移的准备性练习；"新授课"进行过程中要结合有关内容做单项的、局部的反馈性练习；"新授课"结束时要做巩固性的基本练习、变式练习；"新授课"后要做提高性的对比练习、综合练习，也可以为继续学习新知做预习性的练习，或为激发学习兴趣、满足学生的求知欲望，安排难而可攀的思考性练习。总之，练习既可以促使学生对数学的基本概念、法则、公式、定律、性质进一步理解、掌握、巩固和应用，也可以促使学生的计算、解题、画示意图、测量等基本技能转化成为熟练的技能技巧。

2. 教育功能

任何一种教学活动，对学生的思想品德都会产生一定的影响。不过，这种影响既可能是积极的、健康的，也可能是消极的，甚至是有害的。所以，思想教育必定渗透在数学教学活动之中。数学知识具有应用的广泛性，它与人民的生活、国家的建设、社会的发展有着紧密的联系，结合练习可以对学生进行学习目的的教育。数学知识具有严密的逻辑性，通过练习进一步揭示知识间的联系与区别、对立与统一、现象与本质，可以对学生进行辩证唯物主义观点的启蒙教育。数学知识具有高度的抽象性，根据小学生的认知心理，通过练习可以帮助学生掌握由具体到抽象，再由抽象到具体，即由特殊到一般，再由一般到特殊的认识事物的一般规律。数学是利用具体、生动、有说服力的数据和统计材料编写成练习题的，可以对学生进行爱祖国、爱社会主义、爱科学、爱劳动等思想教育。此外，学生对练习的态度、解题的策略、练习的效率等方面，通过自评和他评（教师和同学评），也会受到教育与启迪。由此可见，练习的教育作用是不言而喻的。

3. 发展功能

通过练习可以使学生的分析、综合、抽象、概括、判断、推理等初步逻辑思维能力由简单向复杂、由低级向高级逐步得到提高，数学思考方法得到锻炼，数学思想得到渗透，思维敏捷性和灵活性的品质得到培养。练习可以发展学生由此及彼、举一反三的迁移能力；可以发展学生对解法不是唯一的或答案也不是唯一的问题，提出自己独立见解的求异思维能力；可以发展学生再现几何形体的形状、大小、相互位置关系表象的空间想象能力；可以发展学生的语言表述能力，促进思维更加条理化、概括化；可以发展学生观察和认识周围事物的数量关系和形体特征的兴趣和意识；可以发展学生的个性和数学才能等。

4. 反馈功能

练习可以及时反馈学生掌握知识、形成技能等各种信息。一节课常常要安排多次反馈性的练习，以便使正确的得到强化、错误的得到纠正，及时调控教学进程，提高四十分钟的课堂利用率，确保教学质量。实践证明，每当学生完成练习时，他们最为关心的是练习结果正确与否。但是，这种关心程度将随着时间的推移而逐渐减弱。因此，教师要抓住时机，利用学生对练习印象最鲜明、最清晰的时候进行反馈，让学生及时了解自己练习的质量，便能起到事半功倍的效果。其实，反馈不只是为了知道谁对谁错，即使对了，也不见得是同一种解题思路、同一个思维水平。所以，通过练习的反馈还应做进一步了解，使教学更具有针对性，让每个学生都能在自己原有的认知水平上有所提高。此外，教师还应该培养学生自我检验的习惯，让他们掌握一定的检查方法，提高自我反馈的意识和能力。总之，教学质量的保证，在很大程度上依赖于能否获取矫正性的反馈信息，而练习正是获取这种信息的重要渠道。

二、课堂练习设计的原则

课堂练习的设计应根据教学的实际情况，遵循如下原则。

1. 生活性原则

理解知识、掌握知识的最终目的在于应用。教育家陶行知先生就教育与生活的关系指出："行是知之始，知是行之成。"这是对"数学从生活中来，到生活中去"的基本理念的生动诠释。联系生活实际进行作业设计，不但可以加深学生对新知识的理解和记忆，形成技能技巧，而且可以使学生真实地感受到数学知识的价值，从而激发学习热情，强化学习动机。

2. 层次性原则

练习的设计要遵循由易到难、由简到繁、由基本到变式、由低级到高级的发展顺序去安排。

3. 灵活性原则

练习的设计要有利于促进学生积极思考，激活思路，充分调动起学生内部的智力活动，能从不同方向去寻求最佳解题策略。通过练习，要使学生变得越来越聪明，思维越来越灵活，应变能力越来越强，而不被模式化的定式所禁锢、所束缚。

4. 实效性原则

课本练习材料的目的在于使学生更好地理解、巩固并运用知识。那么，如何更全面地发挥练习的实效性呢？这就需要教师有敏捷的思维，结合教学内容与练习材料展开思考，进行创造性的练习设计。

5. 开放性原则

可预见的、早已生成的学科知识作业是封闭的，其作用正在下降。若将某些封闭性的数学问题改变成开放性题目，便能最大限度地激活学生的思维。

6. 多样性原则

练习的设计要注意到题型的多样化和练习方式的多样化。机械重复性的练习枯燥乏味，会直接影响教学效果。

（1）题型多样化

题型多样是指除了直接进行口算、笔算和应用题之外，还应有填空、选择、判断、改错、匹配（连线）等题。

（2）练习方式多样化

练习方式多样是指既有笔写也有口述、动手操作，既有单项练也有综合练、系统练，还应根据学生的年龄特点，采取相应的练习形式。

既要练计算也要练分析，数学离不开计算，通过口算、笔算、听算、视算等各种途径的练习，不仅使计算准确熟练，也能学会审题、分析，能应用运算定律和性质使计算灵活合理。应用题的教学不能只满足于学生会解题，一定要在培养分析问题的能力上下功夫。有的题要求学生能根据已知条件和所求的问题，列出分析表或画出示意图。而有的应用题运用图解便可以对数量关系一目了然。

单项练一般在两种情况下进行：一种情况是为学习新知识做必要的准备，练习与新知识有关系的旧知识；要经常进行综合练习，以便把所学的新知识纳入已有的数学认知系统中，使新旧知识紧密联系、融会贯通。另一种情况是为了巩固所学的知识，让新学的知识更好地融入个人认知体系建构。学习新知识之后，要定期或者不定期地对新知识进行反复巩固练习，不断加深理解，让新知识慢慢融入个人知识体系中，成为自己的东西。

对于学习有困难的学生，除了通过思想教育，不断提高他们对学习目的的认识，端正学习态度，及时发现他们的微小进步，加以鼓励，增强信心外，还必须通过练习，帮助他们去掌握所学的知识，提高学习能力。对这类学习在练习上的要求，不能低于大纲的规定。但是，练习的编排更应注意循序渐进，不能跳跃度过大。

课堂上应保证学生练习的时间，做到有计划、有目的地练，使学生通过各种形式的练习，巩固知识，掌握规律，发展智力，培养能力，在教师的主导作用下，充分发挥学生在学习中的主体作用。

三、练习贯穿于教学的各个环节

为学习新的知识，有必要进行与新课内容有紧密联系的基础知识练习。

在学习新课的过程中，更是离不开练习。练计算、练分析、练思维，边学边练，学练结合。

关于作业练习，无论是课内练习还是课外练习，都要加强目的性。教师可以针对知识的重点和难点，使练习有利于强化新知识的巩固。例如，除数是小数的除法，它的重点和难点是除数的小数点的处理引起被除数的变化，可以是有针对性地进行这方面的练习，也可以是综合性的练习，把新旧知识、易混的概念对比交错地安排在一起。

第五章

小学数学兴趣课堂教学基础教学方法

　　作为一门基础性的学科，数学的学习要讲究方法。英国的贝尔纳说过："良好的方法能使我们更好地发挥运用天赋的才能，而拙劣的方法则可能阻碍才能的发挥。"在我国的小学数学课程标准中，也明确提出了"数学为其他科学提供语言、思想和方法"的理念，并且要求教师教会学生"初步学会运用数学的思维方式去观察、分析现实社会，去解决日常生活中和其他学科学习中的问题"。

　　作为一名小学数学教师，应该对小学数学教学方法有更为深刻的理解。在日常的教学活动中，教师应灵活选择和运用这些教学方法，可能在某章教学内容中重点运用其中的一种教学方法，辅以其余的教学方法；也有可能会好几种教学方法同时交叉运用，不分主次。或许对于学生来说，他们只是在潜移默化中感受数学方法。但对于教师来说，必须对于大部分的数学教学方法烂熟于心，并且还要加入自己的个性化教育理念和元素。根据我多年的小学数学教学经验，结合自己的归纳和理解，总结出12种教学方法。这12种方法基本上归于两大门类，即形象思维方法和抽象思维方法。总体而言，小学数学教学首先要发展和培养学生的形象思维能力，并以此为基础，逐步转化为抽象思维能力。

第一节 形象思维教学方法

形象思维方法是指人们用形象思维来认识问题、解决问题的方法。它的思维基础是具体形象，并从具体形象展开来的思维过程。根据小学生的知识建构特点和思维特点，教育理念中将培养小学生的形象思维能力作为小学数学教学的一项重要任务是合理的。在日常的课堂教学中，教师要让小学生获得正确、丰富的表象认知，培养学生的联想能力、想象能力，提高小学数学教学质量，发展其形象思维能力。由此可见，重视培养学生的形象思维能力在小学数学教学中一定能发挥越来越大的作用。在教学中，教师要尽可能地运用形象思维。形象思维能促进学生的心理活动更加丰富，有助于他们更深刻地认识事物的本质和规律。研究表明，富有创造性的学生形象思维一般能达到较高水平。

形象思维的主要手段是利用实物、图形、表格和典型等形象材料来获得直观认知，以个别表现一般，始终保留着对事物的直观性，其思维过程表现为表象、类比、联想、想象。形象思维的思维品质表现为对直观材料进行积极想象，对表象进行加工、提炼，进而揭示出本质、规律或求出对象。它的思维目标是解决实际问题，并且在解决问题中提高自身的思维能力，与小学数学教育的基本目标和方向有一定的一致性，因而它是主要的教学方法范畴。在具体方法类别上，包括如下。

一、实物演示法和图示法

教师根据教学内容的特点，利用身边的实物来演示数学题目的条件和问题，以及条件与条件、条件与问题之间的关系，在此基础上进行分析思考，寻求解决问题的方法。

这种方法可以使数学内容形象化、数量关系具体化。通过实物演示，可以让学生获得更加直观的理解，从而加深印象。例如，数学中的相遇问题，通过实物演示，不仅能够解决"同时、相向而行、相遇"等术语，而且为学生指明了思维方向。又如，在一个圆形（方形）水塘周围栽树问题，如果能进行一个实际操作，效果要好得多。此外，在识别图形、计算价格方面，也可以采取实物演示的方法，这样教学效果会比较好。有一些数学概念，如果没有实物演示，小学生就难以真正掌握。而长方形的面积、长方体的认识、圆柱的体积等的学习，都依赖于实物演示作思维的基础。所以，小学数学教师应尽可能多地制作一些数学教（学）具，这些教（学）具用过后要好好保存，可以重复使用。若是能在真实或虚拟的情境中进行实物演示，不但可以有效地提高课堂教学效率，而且对于提升学生的学习成绩也有好处。

图示法是借助直观图形来确定思考方向，寻找思路，求得解决问题的方法。在多媒体教具逐渐普及的背景下，图示法适用的范围更广、效果更好。图示法直观可靠，便于分析数形关系，不受逻辑推导限制，思路灵活开阔。但图示法依赖于人们对表象加工整理的可靠性上，一旦图示与实际情况不相符，易使在此基础上的联想、想象出现谬误或走入误区，最后导致错误的结果。例如，有的数学教师爱徒手画数学图形，难免造成不准确，使学生产生误解。若是采用计算机技术，则会更加准确。不过，这也要求教师掌握更多的教学工具和能力。在具体的课堂教学中，要多用图示的方法来解决问题。

有的题目，图画出来了，结果也就出来了；有的题，图画好了，题意学生也就明白了；有的题目，画图则可以帮助分析题意、启迪思路，作为其他解法的辅助手段。

【案例】

把一根木头锯成3段需要24分钟，锯成6段需要多少分钟？（图略）

思维方法：图示法。

思维方向：锯几次，每次用几分钟。

具体思路：锯3段锯了几次，每次用几分钟；锯6段锯了几次，需要多少分钟。

通过计算机制作的演示图形软件，就可以很明白地找到解答问题的方法。

二、列表法

运用列出表格来分析思考、寻找思路、求解问题的方法叫作列表法。中小学有些应用题的数量关系较为隐蔽，所求的问题有时又有几种可能。遇到这样的应用题，可以采用列举法来分析思考。一般可以用列表的方式，把应用题的条件所涉及的数量关系或答案的各种可能——列举出来，使人"了如指掌"，这样就能很快地把题目解答出来。列表法清晰明了，既便于分析比较、揭示规律，也有利于记忆。它的局限性在于求解范围小，适用题型狭窄，大多跟寻找规律或显示规律有关。中小学数学问题的数量级都较小，适合用列表法。例如，正、反比例的内容，整理数据，乘法口诀，数位顺序等内容的教学大多采用列表法。

【案例】

鸡兔同笼问题（鸡兔同笼，总数20只，78条腿，问鸡几只，兔几只？）

思维方法：表格法。

思维方向：制作三个表格，——列举。

具体思路：第一张表格是逐一举例法，根据鸡与兔共20只的条件，假设鸡只有1只，那么兔就有19只，腿共有78条……这样逐一列举，直至寻找到所求的答案；第二张表格是列举了几个以后发现了只数与腿数的规律，从而减少了列举的次数；第三张表格是从中间开始列举，由于鸡与兔共20只，所以各取10只，接着根据实际的数据情况确定列举的方向，经过有限次数的列举，就可以找到准确的答案。

三、观察探索法

著名科学家巴甫洛夫说："应当先学会观察，不学会观察永远当不了科学家。"因此，在学习数学中，也要重视观察。通过对大量具体事例的观察，归纳发现事物的一般规律的方法，叫作观察法。观察之后，按照一定方向，通过尝试来摸索规律、探求解决问题思路的方法，叫作探索法。观察法和探索法是紧密联系的，前者是基础，后者是深化。我国著名数学家华罗庚说过，在数学里，"难处不在于有了公式去证明，而在于没有公式之前，怎样去找出公式来"。苏霍姆林斯基也说过："在人的心灵深处，都有一种根深蒂固的需要，这就是希望自己是一个发现者、研究者、探索者。而在儿童的精神世界中，这种需要特别强烈。""学习要以探究为核心"，这是新课标的基本理念之一。人们在难以把问题转化为简单的、基本的、熟悉的、典型的问题时，常常采取的一种好方法就是探究和尝试。

小学数学"观察"的内容一般包括：数字的变化规律及位置特点；条件与结论之间的关系；题目的结构特点；图形的特点及大小、位置关系。在使用观察法的时候，一是必须做到观察细致、准确，越细致准确，得出准确结论的概率就越大；二是要采取科学观察的态度和方法，科学观察渗透了更多的理性因素，它是有目的、有计划地察看研究对象，这样更有可能找出规律；三是观察必定与思考结合，如果只观察不思考，就不可能找出一般的规律。

观察之后，就要开始探索规律和结果了。在进行探索的时候，第一，要做到探究方向准确，可以兴趣高涨，但切忌胡乱尝试或探究。例如，教学"比例尺"时，教师创设"学生出题考老师"的教学情境。教师："现在我们考试好不好？"学生一听，感到很奇怪。正当学生疑惑之时，教师说："今天改变过去的考试方法，由你们出题考老师，愿意吗？"学生听后，都很感兴趣。教师说："这里有一幅地图，你们用直尺任意量出两地的距离，我都能很快地告诉你们这两地之间的实际距离，相信吗？"于是，学生纷纷上台度量、报数，教师都一个接一个地回答对应的实际距离。学生这时更感到奇怪，异口同声地说："老师您快告诉我们吧，您是怎样算的？"教师说："其实呀，有一位好朋友在暗中帮助老师，你们知道它是谁吗？想认识它吗？"于是，引出所要学习的内容"比例尺"。第二，要定向猜测，反复实践，在不断分析、调整中寻找规律（看如下案例）。第三，要采取独立探究与合作探究相结合的方法，这也是培养小学生数学素养的一种重要途径。独立，有自由的思维时空；合作，可以知识上互补，方法上互相借鉴，不时还能碰撞出智慧的火花。在小学数学教学活动中，教师应尽量创设让学生去探究的情境，创造让学生去探究的机会，鼓励有探究精神和习惯的学生。

【案例】

找规律填数。

（1）1、4、__、10、13、__、19；

（2）2、8、18、32、__、72、__。

思维方法：观察探索法。

思维方向：先观察，后探索。

具体思路：通过观察，尝试了解规律，然后做出大胆的假设，进行探索验证。

四、典型法

不管是在人类社会的数学实际应用中，还是数学本身的应用中，都会出现一些带有同类数学性质的问题。针对这样的问题，已经有前辈数学家进行了总结归纳。这就是成为一种典型的数学类型。在小学数学教学中，针对题目去联想已经解过的典型问题的解题规律，从而找出解题思路的方法，叫作典型法。典型是相对于普遍而言的。解决数学问题，有些需要用一般方法，有些则需要用特殊（典型）方法。例如，归一、倍比和归总算法、行程、工程、消同求异、平均数等。

通过掌握典型法，以后遇到具有同类特质的问题，就可以迅速找到解题的思路，从而得出正确的答案。运用典型法必须注意：第一，要掌握典型材料的关键及规律，每一种典型题都有典型解法，要想真正学好数学，既要理解和掌握一般思路和解法，又要学会典型解法，这些典型题在一些书上可以看到总结，也可以自己在学习中总结；第二，要熟悉典型题的材料特征和条件特征，并能敏捷地联想到所适用的典型，从而确定所需要的解题方法；第三，要将典型和技巧相联系，有很多典型题，改变一些条件参数设置就会产生无数变种，这时就需要加入一些技巧，才能解答得更为迅捷合理。

五、验证法

对于一个已经解答的结果，并不一定正确。在数学中，有一个"验算"的概念，实际上就是验证法的一种具体表现。对于自己的答案，教师要教会学生不能只等教师的评判，重要的是自己心里要清楚。对自己的学习有一个清楚的评价，这是优秀学生必备的学习品质。让学生自己学会验证自己的答案，这是一种自我的提高，也是教师应该教给学生的一种教学学习法。验证法应用范围比较广泛，是需要熟练掌握的一项基本功。可通过实践训练及其长期体验积累，不断提高自己的验证能力和逐步养成严谨细致的好习惯。

在具体验证的时候，第一，可以采用不同的方法验证。教科书上一再提出：减法用加法检验，加法用减法检验，除法用乘法验算，乘法用除法验算。第二，可以代入检验。解方程的结果正确吗？用代入法，看等号两边是否相等，或将结果当条件进行逆向推算。第三，看看是否符合实际，要采取最符合现实生活的答案。"千教万教教人求真，千学万学学做真人。"陶行知先生的这句话要落实在教学中。例如，有这么一道题：做一套衣服需要4米布，现有布31米，可以做多少套衣服？有学生这样做：$31 \div 4 \approx 8$（套）。按照"四舍五入法"保留近似数，无疑是正确的，但和实际不符合，做衣服的剩余布料只能舍去。在教学中，常识性的东西必须予以重视。因此，上题中做衣服套数的近似计算要用"去尾法"。第四，要明确验证的动力在猜想和质疑。牛顿说过："没有大胆的猜想，就做不出伟大的发现。""猜"也是解决问题的一种重要策略，可以开拓学生的思维、激发"我要学"的愿望。为了避免瞎猜，一定学会验证。验证猜测结果是否正确，是否符合要求。如不符合要求，及时调整猜想，直到解决问题。

第二节　抽象思维教学方法

运用概念、判断、推理来反映现实的思维过程，叫作抽象思维，也叫作逻辑思维。数学的抽象决定了数学可以培养学习者的抽象能力，也决定了学习者必须具有一定的抽象能力。从一道道具体的应用题到常见的数量关系，从一道道具体的计算题到计算法则，从具体的数到一个个字母等，无一不是抽象的过程。数学给予人的抽象概括能力，可以使人有条理地在简约状态下进行思考。数学抽象思维是指以数学的概念、判断和推理为基本形式，以分析、综合、抽象、概括、（完全）归纳、演绎为主要方法，并能用词语或符号加以逻辑地表达的思维方式。它以抽象性和演绎性为主要特征，其思维过程是线型或枝权型的一步步地推下去的，并且每一步都有充分的依据，具有论证推理的特点。用数学家阿达玛的话来说，"逻辑"思维是以较少无意识"成分"、定向比较严密、一致性和清楚划分的思维过程为特征的。

抽象思维又分为形式思维和辩证思维。客观现实有其相对稳定的一面，我们就可以采用形式思维的方式；客观存在也有其不断发展变化的一面，我们可以采用辩证思维的方式。形式思维是辩证思维的基础。

形式思维能力包括分析、综合、比较、抽象、概括、判断、推理。

辩证思维能力包括联系、发展变化、对立统一律、质量互变律、否定之否定律。

小学数学教学要培养学生初步的抽象思维能力，重点突出几个方面：在思维品质上，应该具备思维的敏捷性、灵活性、联系性和创造性；在思维方法上，应该学会有条有理，有根有据地思考；在思维要求上，思路清晰，因果分明，言必有据，推理严密；在思维训练上，应该要求正确地运用概念、恰当地下判断、合乎逻辑地推理。在小学数学教学中，常用的抽象思维方法有如下几种。

一、对照比较法

在如何正确地理解和运用数学概念的问题上，小学数学教学常用的方法就是对照法。根据数学题意，对照概念、性质、定律、法则、公式、名词、术语的含义和实质，依靠对数学知识的理解、记忆、辨识、再现、迁移来解题的方法，叫作对照法。既然有对照，就必然有比较，二者是密切联系的。通过对比数学条件及问题的异同点，研究产生异同点的原因，从而发现解决问题的方法，叫作比较法。

在数学基础性概念的理解问题上采用对照法的意义就在于，可以很好地训练学生对数学知识的正确理解、牢固记忆、准确辨识。比如说这个题目：三个连续自然数的和是18，则这三个自然数从小到大分别是多少？在解答这个问题的时候，学生肯定首先对照自然数的概念和连续自然数的性质，从中发现：三个连续自然数和的平均数就是这三个连续自然数中间的那个数，找出了中间的那个数，前后两个数就迎刃而解了。

在使用比较法的时候要注意：第一，要找相同点必找相异点，要找相异点必找相同点，二者不可或缺，也就是说，比较要完整，才能得出正确的结论；第二，要找联系与区别，这是一个硬币的两面，同时关注才能看清楚具体问题，这是比较的实质；第三，必须在同一种关系下（同一种标准）进行比较，这是比较的基本条件；第四，要抓住主要内容进行比较，尽量少用"穷举法"进行比较，那样会使重点不突出；第五，因为数学的严密性，决定了比较必须精细，往往一个字、一个符号就决定了比较结论的对或错。比如说，有这么一个题目：能被2除尽的数一定是偶数。这里要对照"除尽"和"偶数"这两个数学概念。只有这两个概念全理解了，才能做出正确判断，否则的话很容易犯错误。

二、公式法

数学是公式最多的一门学科，在小学教育中尤其如此。因此，对于公式的理解和运用是培养小学生数学学习方法和技巧的重要途径。运用定律、公式、规则、法则来解决问题的方法，叫作公式法。它体现的是由一般到特殊的演绎思维。公式法简便、有效，也是小学生学习数学必须学会和掌握的一种方法。教学时，教师一定要让学生对公式、定律、规则、法则有一个正确而深刻的理解，并能准确运用。公式有一种简洁的美，是解决诸多数学问题的简单而又实用的利器。对于公式，不仅要记住，而且要知道其来源，更要熟练运用，才能真正让公式在数学学习中成为最好的方法工具。

【案例】

计算$59 \times 37 + 12 \times 59 + 59$

思维方法：公式法。

具体方向和思路如下：

$59 \times 37 + 12 \times 59 + 59$

$= 59 \times （37 + 12 + 1）$ ·················· 运用乘法分配律

$= 59 \times 50$ ·················· 运用加法计算法则

$= （60 - 1） \times 50$ ·················· 运用数的组成规则

$= 60 \times 50 - 1 \times 50$ ·················· 运用乘法分配律

$= 3000 - 50$ ·················· 运用乘法计算法则

$= 2950$ ·················· 运用减法计算法则

三、分类分析法

俗语说："物以类聚，人以群分。"数学作为一门寻找规律的科学，自然注重分类，分类之后进行分析，就可以得出一般的规律。根据事物的共同点和差异点，将事物区分为不同种类的方法，叫作分类法。分类是以比较为基础的，依据事物之间的共同点将它们合为较大的类，又依据差异点将较大的类再分为较小的类。把整体分解为部分，把复杂的事物分解为各个部分或要素，并对这些部分或要素进行研究、推导的一种思维方法，叫作分析法。总体都是由部分构成的，为了更好地研究和解决总体，先把整体的各部分或要素割裂开来，再分别对照要求，从而理顺解决问题的思路，这就是分析产生的基础。

使用分类法的时候，要注意大类与小类之间的不同层次，又要做到大类之中的各小类不重复、不遗漏、不交叉，既要涵盖整个数据层面，又要不遗漏有效数据。使用分析法的时候，可以从求解的问题出发，正确选择所需要的两个条件，依次推导，一直到问题得到解决为止，这种解题模式是"由果溯因"。因此，分析法也叫作逆推法。

【案例】

某农场有两个果园共30亩，第一个果园收苹果3500箱，第二个果园收苹果2800箱，每箱苹果重100千克。平均每亩收苹果多少千克？

思维方法：分析法。

具体方向和思路：要求每亩产量，必须知道总产量和总亩数（30亩）；要求出总产量，必须知道每箱的重量（100千克）和总箱数；要求总箱数，必须知道第一个果园收的箱数（3500箱）和第二个果园收的箱数（2800箱）。这些都是已知条件。用总箱数（3500+2800）乘以每箱100千克，然后除以30（亩），即可得出每亩收苹果多少千克。

四、综合法

把对象的各个部分或各个方面或各个要素联结起来，并组合成一个有机的整体来研究、推导的一种思维方法，叫作综合法。综合法对于数学能力的要求较高，考察的条件因素比较多、比较复杂，必须要有一定的思维整理能力，能够分部分、分层次、有条理地进行分析、演算和推理，最终得出正确的结论。用综合法解数学题时，通常把各个题知看作是部分（或要素），经过对各部分（或要素）相互之间内在联系一层层分析，逐步推导到题目要求。所以，综合法的解题模式是执因导果，也叫作顺推法。这种方法适用于已知条件较少、数量关系比较简单的数学题。

【案例】

两个质数，它们的差是小于30的合数，它们的和既是11的倍数又是小于50的偶数。写出适合上述条件的各组数。

思维方法：综合法。

具体思路：11的倍数同时小于50的偶数有22和44。

两个数都是质数，而和是偶数，显然这两个质数中没有2。

和是22的两个质数有：3和19，5和17。它们的差都是小于30的合数吗？

和是44的两个质数有：3和41，7和37，13和31。它们的差是小于30的合数吗？

上面这种解答方法，就是综合法的思路。通过这种解答，可以解开一些条件设置较为复杂、涉及数据较多的问题。

五、方程法和参数法

在小学数学中，就会涉及一些简单方程式的解答。如果让学生能够更好地掌握方程数学方法，就可以更好地解决数学中一些复杂的问题。用字母表示未知数，并根据等量关系列出含有字母的表达式（等式）。列方程是一个抽象概括的过程，解方程是一个演绎推导的过程。方程法最大的特点是把未知数等同于已知数看待，参与列式、运算，克服了算术法必须避开求知数来列式的不足，有利于由已知向未知的转化，从而提高了解题的效率和正确率。用只参与列式、运算而不需要解出的字母或数表示有关数量，并根据题意列出算式的一种方法，叫作参数法。参数又叫作辅助未知数，或叫作中间变量。参数法是方程法延伸、拓展的产物。

在一些现实数学应用题中，因为某些量处于未知或者变化的状态，这个时候就应采用方程法和参数法，这两者进行结合，然后代入已知数据，就可以求得自己所需要了解的数据。这是一种贯穿初等数学和高等数学的学习方法，在很多情况下都适用。作为小学数学教师，在使用这两种方法教学的时候，一定要注意学生的接受理解能力，让他们对这个概念形成一定的理解度，这样就可以更好地解答数学题了。

六、排除法

排除对立的结果，叫作排除法。排除法的逻辑原理是，任何事物都有其对立面，在有正确与错误的多种结果中，一切错误的结果都排除了，剩余的只能是正确的结果。这种方法也叫作淘汰法、筛选法或反证法。这是一种不可缺少的形式思维方法。

小学数学中会涉及众多的逻辑推理问题，尤其是在奥数训练中，这种情况很常见。逻辑推理问题的显著特点是层次多、条件纵横交错，我们可用排除法从较繁杂的信息中选准突破口，层层剖析，一步一步地向结论靠近，使问题得到解决。很多时候，人应该学会采用"排除思维法"来筛选最佳组合。运用排除思维，可以让自己少走曲折路、不走冤枉路，它可以让你在"必然性"中更快地找到自己所要的答案。

【案例】

红色幼儿园一名老师带着7个小朋友，她让6个小朋友围成一圈坐在操场上，让另一个小朋友坐在中央，拿出7块头巾（其中4块是红色，3块是黑色），然后蒙住7个人的眼睛，把头巾包在每个小朋友的头上。然后，解开周围6个人的眼罩。由于中央的小朋友的阻挡，每个人只能看到5个人头上头巾的颜色。这时，老师说："你们现在猜一猜自己头上头巾的颜色。"大家思索好一会儿，最后，坐在中央的被蒙住双眼的小朋友说："我猜到了。"

具体方法：排除法。

具体思路：周围的6个人只能看到5个人头上的头巾的颜色，由于中间那个小朋友的阻挡，每个小朋友都无法看到与自己正对面小朋友的头巾颜色，他们也无法判断自己头巾的颜色，证明他们所看到头巾的颜色是3红2黑。剩下1黑1红是他们和自己正对着的人的头巾颜色。这就说明处于正对面的两个人都包着颜色相反的头巾，那么，中间的人就只能包红色。

七、特例法和化归法

任何事情既有特殊性，也有一般性，这是规律，在数学中亦是如此。在中小学教学中，特例法也是常用的一种方法。对于涉及一般性结论的题目，通过取特殊值或画特殊图或定特殊位置等特例来解题的方法，叫作特例法。特例法的逻辑原理：事物的一般性存在于特殊性之中。通过某种转化过程，把问题归结到一类典型问题来解题的方法，叫作化归法。化归法是知识迁移的重要途径，也是扩展、深化认知的首要步骤。化归法的逻辑原理：事物之间是普遍联系的。化归法是一种常用的辩证思维方法。特例法和化归法之间有深层次的联系，经常会一起使用，因而放在一起讲述。

在小学数学题目中，可能会遇到一些感觉很难下手的问题。如果解题时能巧赋满足条件的特例，采取化一般为特殊、化抽象为具体、化整体为局部、化参量为常量、化较弱条件为较强条件等，总之，在一个你能够下手处理问题的位置，通过对"特殊"的思考与解决，启发思维，就能达到最终解决问题的目的。化归法是能使生疏的问题熟悉化、抽象的问题具体化、复杂的问题简单化，达到顺利解决问题的一种重要的数学思想方法。

第三节　教学方法选用和组合的原则

　　小学数学教学的目的，不仅在于传授知识，让学生学习、理解、掌握数学知识，更要注重教给学生学习的方法，培养学生良好的数学能力，这是全面提高学生素质的需要。教学方法很多，前文介绍了12种主要的小学数学教学方法。这些基本的方法在一堂课上往往选择其中某一种或几种交替使用，以达到最佳的整合效果。选择怎样的教学方法是一个十分复杂的问题，既与教学风格有关，也与教学内容有关，还与学生知识结构与层次有关。作为一名合格的教师，必须根据实际情况，选择最为合适的教学方法组合。没有最好的教学方法，只有最适合的教学方法。选对方法，教学就成功了一半。

　　根据我的小学数学教学经验来看，在确定教学方法之前，教师要认真钻研教材，切实把握好教学要求，这是选定教学方法的基础。然后，分析学生的知识基础和接受能力，这是根据教学对象调整教学方法。在两者基础之上，确定教学方法，然后进行备课授课。

一、根据学情选择教学方法

　　教学要求要立足小学生的心理特点、知识接受能力、学习态度、智力水平等个别差异性，既要关注整体水平，更要关注个体特性。也就是说，选定的教学方法要能够在课堂教学中被大部分学生所接受，有助于学生掌握和了解所要传授的数学知识。如果选择的教学方法不适当，学生不易理解，教师在上面讲得天花乱坠、如痴如醉，学生则在下面昏昏欲睡、不知所云，那就证明选错了方法。如果把教学方法比作教师课堂教学中的十八般武器的话，那么，每一个内容总有一种或多种教学方法适用。

二、教师在选用教学方法的时候，其组织形式要符合学生认知规律

有些数学知识内容，因为跟学生已有的知识结构有联系，可以采用迁移的方法引导学生进入新知识的学习；有些内容，因为跟生活比较紧密，教师可以从具体、生动的事例导入。进入学习状态后，教师应引导学生进行想象、思考、动手练习，然后再逐步引导学生寻找数学规律或自我小结。当学生初步寻找出结论以后，还要引导学生运用这个结论去解决简单的实际问题，以验证结论的正确性。这正是从具体到抽象，再回到具体的思维方法。

三、选择教学方法既要层次清楚，又要有坡度

一堂课安排几个教学层次，不仅我们自己要明了，而且应该让学生也清楚。后一个层次应在前一个层次上引申发展，环环相扣。教学层次应是立体的结构，不宜在同一个平面上旋转太多。立体层次的内容，就要配备立体层次的教学方法，根据小学生的认知规律，往往并不满足于所获得的结论正确性，有时还需要启发他们质疑，产生悬念，以进一步激发他们钻研、探究的学习兴趣。这才是让学生获得更多数学知识的教学方法技巧。

四、注意反馈与调节，根据实际教学情况和效果来调整教学方法

学生的反馈应贯穿在整个教学过程中，包括口头表述与书面表达。为此，在课堂上，教师不仅有机会让学生口述思考过程，而且应该有一定数量

的书面作业。对于课本中"巩固练习"的安排，小学数学教师一定要高度重视。在这个反馈的过程中，教师如果发现以前选用的教学方法效果并不理想，就要及时进行反思，然后调整自己的选择和执行，这样在教学方法的运用上才会越来越纯熟。发现问题一定要改进，这对于教师本身的进步也是一种鞭策。

作为一名小学数学教师，我认为教学方法是必备武器，熟练掌握每一种教学方法的特点和技巧，然后科学、合理地选择教学方法，就是不仅要懂，而且要会运用，才有效果。在具体的教育教学活动中，教师不要对教学方法进行生搬硬套，而应根据自身的经验和优势，顺势而为。熟练以后，教师就可以把这些小学数学教学方法灵活运用、自由组合、相互促进、稳定提高，整个教学活动便呈现为一个完美的整体，做到在教基础知识的同时，还能培养学生的数学能力和数学素养，发展他们的思维能力，提高智力水平，促使学生在知识、能力、思想情感教育三个方面得到协调发展，全面完成课堂教学任务，收到良好的教学效果。

第一节 数与运算的思维

第六章
数学兴趣教学与思维训练
——以数的运算为例

在核心素养培养背景下，数学兴趣教学越来越注重数学思维的训练与培养。从某种意义上来讲，小学数学兴趣最深，最具有价值的教学培养，就是数学思维的培养。一旦学生产生了数学思维，就会很自然地爱上数学，对数学问题感兴趣，从而真正主动去学习和研究数学。

第一节　数的运算与思维训练

一、有关运算的知识体系

人类在生产劳动、科学实验中，通过长期、大量的数的实践和运用，认识了数和数的性质，同时创造、积累、规范和运用了一整套数的运算方法，如加、减、乘、除、乘方、开方、微分、积分等。小学数学有关数的运算知识包括三个方面：

（1）运算的基本方法：加法、减法、乘法、除法。

（2）运算的基本法则：进行各种运算时，必须遵循的运算规律、原理和法则。小学主要有思维基本法则、四则运算法则。

（3）运算的基本概念：如和、差、份、平均分等，这些概念是运算方法的概括和综合。

二、有关运算的思维训练

学习过程是指对知识的理解和运用的过程，其核心是思维的过程。学习过程即将新旧知识联系起来进行一定的思维加工，获得对新知识的理解和运用的过程。前者是思维材料，后者是思维方法，二者是相互联系、不可分割的。没有丰富的思维材料或者有思维材料而无正确的思维加工方法，都不能达到理解和运用知识的目的，就像俗话所说"巧妇难为无米之炊"，但是就算有了米，也要有煮饭的相关知识和技巧，才能做出可口美味的饭。因此，思维出现障碍的原因无非两个：一是思维材料积累的问题；二是思维加工方法的问题。

学生进行运算时，通常都是经过思考后，用横式或竖式等方式写出来，所表达出来的是他们思考的结果。学生运算过程是怎样想的，想得对不对，教师并不知道，而计算的错误结果往往就是由于学生不会想或想法有问题。

运算教学的思维训练就是引导学生把头脑中的运算过程原原本本地说出来，通过学生的表述，透视学生对相关运算概念的理解以及运算方法的根据，便于及时纠正，这个思维过程我们称为"说算理"。

第二节　以基本概念为核心揭示运算意义

我们知道，基本概念是构成数学知识体系的核心，是逻辑推理的基础，是思维活动的依据。概念的形成与运用是学习知识的一个关键环节，也是教学的重点。如果学生对知识体系所蕴含的基本概念不甚理解，也就无法解决相关问题。

就运算教学而言，理解加、减、乘、除的运算方法意义至关重要。加法的运算意义是"把两个数合成一个数的运算"；减法的运算意义是"已知两个数的和与其中的一个加数，求另一个加数的运算"；乘法的运算意义是"求几个相同加数和的简便运算"；除法的运算意义是"已知两个数的积与其中的一个因数，求另一个因数的运算"。显而易见，加、减、乘、除运算方法之间有着紧密的联系，而沟通它们之间内在联系的核心概念就是"和"。

对于运算教学，我认为现存最主要的问题就是思维材料积累的问题，即知识、概念的积累。部分教师只注重算法的多样，而忽视对基本概念、运算意义的理解，殊不知积累是思维发展的基础。为此，我们要将运算教学与相关的基本概念有机地结合起来，以基本概念为核心理解运算意义，为思维加工积累足够的思维材料。

一、以"和"的概念为核心，揭示加、减法的运算意义

"和"的概念实质体现的是部分与整体的关系，把两部分合并起来就是

整体，从整体里去掉其中的一部分就是另一部分。这样，以"和"的概念为核心，通过部分与整体的关系，揭示出加法与减法运算意义的内涵以及它们之间的内在联系。如果这个整体是由若干部分合并起来的，而每部分都同样多，此时部分与整体的关系，就转化为"份"的关系，"份"成为部分与整体关系的一种特殊形式。再运用"份"的概念揭示出乘法与除法运算意义的内涵以及它们之间的内在联系。

（一）初步建立"和"的概念

"和"是小学数学知识体系的核心概念，从认数开始就要通过研究部分与整体的关系逐步建立。

【案例】

认数"2"时，左边有1个苹果，右边也有1个苹果，把这两部分合并起来一共是2个苹果。提问：一共的2个苹果是由哪两部分合并起来的？（一共的2个苹果是由左边的1个苹果和右边的1个苹果这两部分合并起来的）——体会"合"。

认数"3"时，一共有3朵花，要把这3朵花分给两个小朋友，可以怎样分？可以让学生动手操作，明明分到2朵，亮亮分到1朵。教师提问：我们把一共的3朵花分成几部分？（两部分）哪两部分？（一部分是明明分到的2朵，另一部分是亮亮分到的1朵。）把明明的2朵和亮亮的1朵这两部分合并起来就是原来一共的3朵花；从一共的3朵花里去掉明明的2朵就是亮亮的1朵，去掉亮亮的1朵就是明明的2朵——体会"分"。

这样，在后续认数时，不断地体会这种"合"与"分"，从而理解部分与整体的关系，初步建立起"和"的概念。

（二）理解加法的运算意义

加法的运算意义是"把两个数合成一个数的运算"，我们可以运用"和"的概念（整体与部分的关系）来理解。

首先来创设动态情境：有2只小猫在玩球，又跑来1只小猫。你能提出一个问题吗？（一共有几只小猫？）

理解数量关系：一共的只数包括哪两部分？要想知道一共有几只小猫，你怎样想？就要把玩球的2只小猫和又跑来的1只小猫这两部分合并起来（用手势表示合并）。

揭示加法意义：把两部分合并起来用加法计算，"+"是指加号，要把玩球的2只小猫和又跑来的1只小猫这两部分合并起来，列式是"2+1"。"2"表示玩球的2只小猫，"1"表示又跑来的1只小猫，把这两部分合并起来是3只小猫，在算式后面写"=3"，"3"表示小猫一共的只数。

接着提供静态画面：左边有4个气球，右边有1个气球，（手势把左右两边的气球合并起来）你能提出一个问题吗？（一共有几个气球？）

一共的气球个数包括左边的4个气球和右边的1个气球这两部分，要想知道一共有几个气球，就要把这两部分合并起来，列式是"4+1=5"，或者"1+4=5"。

借助部分与整体的关系，学生逐步建立起加法的数学模型——把两部分合并为一个整体用加法计算。掌握这种模型，那原来所谓的需要逆向思维的难题就不再称其为难题。例如，小白兔抱走3根胡萝卜，竹篮里还剩5根，原来竹篮里有多少根胡萝卜？学生分析：小白兔抱走3根胡萝卜，这样就把原来竹篮里的胡萝卜分成两部分，一部分是小白兔抱走的3根，另一部分是竹篮里还剩的5根，要想知道原来竹篮里有几根，就要把小白兔抱走的3根和竹篮里还剩的5根这两部分合并起来，所以用加法计算，"3+5=8（根）"。这才是对加法运算意义真正的理解。

（三）理解减法的运算意义

加法的运算意义是"合"的过程，减法的运算意义则是"分"的过程，仍然是以"和"的概念为核心，借助部分与整体的关系来理解。

出示问题情境：花园里有5只蝴蝶，飞走2只，还剩几只蝴蝶？

理解数量关系："飞走2只"是从几只蝴蝶里飞走2只？这样就把5只蝴蝶分成几部分？（两部分）哪两部分？（一部分是飞走的2只，另一部分是还剩的只数）。要想知道还剩几只蝴蝶，你怎样想？（从原来的5只蝴蝶里去掉飞走的2只这部分，就是还剩的只数那部分）。

揭示减法意义：要从整体里去掉一部分用减法计算，"–"是指减号。从原来的5只蝴蝶里去掉飞走的2只，列式是"5-2"。其中，"5"表示花园里原来的5只蝴蝶，"2"表示飞走的2只蝴蝶。从原来的5只蝴蝶里去掉飞走的2只，还剩3只，在算式的后面写"=3"，"3"表示还剩的只数，"5-2=3"表示从原来的5只蝴蝶里去掉飞走的2只这部分，就是还剩的3只那部分。

接着变换情境：花园里有5只蝴蝶，飞走一些，还剩3只，飞走几只蝴蝶？

理解数量关系："飞走一些"，这样就把5只蝴蝶分成几部分？（两部分）哪两部分？（一部分是飞走的只数，另一部分是还剩的3只）。要想知道飞走几只蝴蝶，你怎样想？（从原来的5只蝴蝶里去掉还剩的3只这部分，就是飞走的只数那部分）列式是"5-3=2"。

总结：5只蝴蝶包括飞走的2只和还剩的3只这两部分，从5只蝴蝶里去掉飞走的2只这部分，就是还剩的3只那部分；去掉还剩的3只这部分，就是飞走的2只那部分。要从整体里去掉其中的一部分，用减法计算。

（四）有关加减法意义的思维训练

1. 基础训练

根据这幅图列出两道加法和两道减法算式。

看到这幅图，学生会立刻用支架图揭示出部分与整体的关系，把4和2这两部分合并起来是整体6；从整体6里去掉4这部分，就是2那部分；去掉2这部分，就是4那部分。从而可以列出相关的四道算式：4+2=6，2+4=6，6-4=2，6-2=4。

这样通过三个数量之间的关系解决的是一组算式，学生不必再一道又一道地记忆计算结果，从而使10以内的加减法计算便于学生掌握。

2. 拓展训练

在学生掌握两部分与整体之间的关系后，还可以将两部分拓展为三部分，为连加、连减、混合加减计算做好铺垫。

【案例】

（1）黑金鱼有6条，红金鱼有7条，黄金鱼有4条，一共有多少条金鱼？要求一共有多少条金鱼，可以先把黑金鱼的6条和红金鱼的7条这两部分合并起来，再和黄金鱼的4条合并起来，列式是"6+7+4=17（条）"。或者先把黑金鱼的6条和黄金鱼的4条这两部分合并起来，再和红金鱼的7条合并起来，列式是"6+4+7=17（条）"。两种方法对比，后面的方法计算更为简便。

（2）有12条金鱼，先游走7条，又游走3条，还剩多少条金鱼？先游走的7条、又游走的3条和还剩的条数都是12条金鱼里的一部分。要求还剩多少条金鱼，就要从12条金鱼里去掉先游走的7条，再去掉又游走的3条，列式是"12-7-3=2"。还可以把先游走的7条和又游走的3条这两部分合并起来，再从12条金鱼里去掉一共游走的10条，就是还剩的条数，列式是"12-（7+3）=2"。

这样学生在计算"7+8+2""15-6-4""16-9+3"等题时，就会采用灵活的计算方法，同时也为后面研究加法和减法的运算法则奠定好思维基础。

二、以"份"的概念为核心，揭示乘除法的运算意义

乘法和加法有着紧密的联系，乘法是求几个相同加数和的简便运算。当整体里的每部分都同样多的时候，我们也可以用乘法来计算，乘法的核心概念是"份"。

（一）初步建立"份"的概念

观察：第一盘有4个苹果，第二盘有4个苹果，第三盘也有4个苹果。

提问：你们发现了什么？（每盘苹果的个数同样多）如果我们把第一盘苹果的4个看作1份，那1份有几个苹果？有几个苹果就是这样的1份？

第二盘的苹果可以看作这样的1份吗？（可以，因为第二盘的苹果与第一盘同样多，也有4个，也可以看作这样的1份）

第三盘苹果呢？（同样可以看作这样的1份）

这幅图告诉我们每份有4个苹果，有这样的3份。有1份就有1个4，有这样的3份，也就有几个4？

（二）理解乘法的运算意义

抓住"几个几"，有助于理解乘法运算意义。

（出示图片）每捆有5根胡萝卜，有这样的3捆。通过观察，我们发现每捆都有5根，可以说每份有5根，有这样的3份。有1份就有1个5根，有这样的3份就有3个5根。要求一共有多少根胡萝卜，就是在求3个5，列式是5+5+5=15。我们也可以用乘法计算，"×"是指乘号，列式是5×3=15，这道乘法算式表示3个5根是15根。

（出示图片）每条小船坐4名同学，有这样的9条小船，一共可以坐多少名同学？每份有4名同学，有这样的9份，要求一共可以坐多少名同学，就是在求9个4。加法算式"4+4+4+4+4+4+4+4+4=36"，乘法算式"4×9=36"。如果有这样的50条船呢？让学生感受乘法与加法之间的密切联系，同时发现乘法是加法的一种简便运算。

（三）理解除法的运算意义

1. 理解"平均分"的概念

学校明天要去春游，准备把面包、水果等发给同学们，应该怎样分？（每份同样多）把10个面包分给5名同学，每名同学分到2个；把15根香蕉分给5名同学，每名同学分到3根。像这样，每份分得同样多，就叫作平均分。平均分有两种分法：

（1）把12瓶矿泉水平均分给3名同学，怎样分？题目要求"平均分"，即每份分得同样多。为保证每份分得同样多，最好每次分得的都同样多。第一次拿3瓶，"12-3"，每名同学分1瓶；第二次再拿3瓶，"12-3-3"，每名同学分1瓶；第三次再拿3瓶，"12-3-3-3"，每名同学分1瓶；最后再拿3瓶，"12-3-3-3-3"，每名同学分1瓶。全部分完，每名同学分到4瓶，说明12里面有4个3。

（2）有12瓶矿泉水，每名同学分4瓶，可以分给几名同学？题目要求"每名同学分4瓶"，即平均分。第一次拿4瓶给一名同学，"12-4"；第二次拿4瓶给一名同学，"12-4-4"；没有分完，第三次再拿4瓶给一名同学，"12-4-4-4=0"。全部分完，说明12里面有3个4。

2. 抓住"平均分"，理解除法运算意义

把20个竹笋平均分给4只熊猫，每只熊猫分到几个？学生动手操作，每次拿4个竹笋，每只熊猫分1个。20里面有5个4，所以，每只熊猫分到5个竹笋。

"平均分"也可以用除法计算，"÷"是指除号，要分20个竹笋，把"20"写在除号的前面；要把20个竹笋平均分给4只熊猫，把"4"写在除号的后面；平均分的结果是每只熊猫分到5个，把"5"写在等号的后面。"20÷4=5"表示把20个竹笋平均分给4只熊猫，每只熊猫分到5个。

还是这20个竹笋，如果知道每只熊猫分5个，可以分给几只熊猫呢？学生动手操作，每次都拿5个竹笋分给一只熊猫，20里面有4个5，所以，可以分给

4只熊猫，列式是"20÷5=4"。

（四）有关乘除法意义的思维训练

观察这幅图，你发现什么？（前4堆，每堆都有3个蘑菇，第5堆只有2个蘑菇），列式"3×4+2=14（个）"。

现在你最希望什么？（第5堆也有3个蘑菇，这样每堆蘑菇的个数就同样多）那就假设第5堆也有3个蘑菇，列式"3×5-1=14（个）"。

我们也可以让每堆都有2个蘑菇，这样从前4堆里，每堆各拿出1个蘑菇再组成2堆，列式"2×7=14（个）"。经过这样的思维训练，学生在解决像5+5+5+3的题时，就会联想到5×3+3，5×4-2，6×3等多种方法，思维非常灵活。

观察这幅图，可以知道：每束有3朵花，有这样的4束，一共有12朵花。根据乘法和除法的运算意义，可以列出三道算式：3×4=12（朵），12÷4=3（朵），12÷3=4（束），这样可以通过三个数量之间的内在联系架起乘法与除法之间的桥梁。

第三节　以基本概念为依据开展说理训练

基本概念和运算的基本法则是四则运算的理论依据，而部分教师往往忽视说理训练，学生经常出现"4+35=75""1.2+0.08=2"等计算问题。"4"在个位，表示4个一，怎么能和3个十合并起来呢？"8"在百分位，表示8个百分之一，怎么能和2个十分之一合并起来呢？此类问题的出现显然是学生没有理解计算的依据，而说理就是在说计算的依据。为此，教师要特别关注说理训练，通过说理来训练学生的思维。

一、加减法运算教学的说理训练

整数加减法从10以内数加减法→20以内数加减法→百以内数加减法→万以内数加减法，形成非常系统的知识结构。对于知识脉络非常系统的教学内容，必须把着力点放在建立概念的伊始，否则，教学将无法顺利进行。

以整数加法为例：首先要讲清20以内进位加法的算理。"8+5"，5根小棒表示5个一，按理说应该放在个位筒里，可是个位筒里已经有8根小棒，不能再放。我们就把这5根小棒分成2和3两部分，把个位筒里的8根小棒拿出来，和这2根小棒合并起来捆成1捆，放进十位筒里，表示1个十，外面的3根小棒表示3个一，把它放进个位筒里。所以，"8+5=13"。

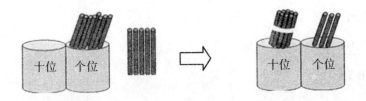

这时，教师还要留给学生充分的动手操作时间，边操作边感悟"凑十法"的算理，然后将操作的思维过程在算式里展示出来。

$$8+5=13$$

20以内的进位加法算理清晰，百以内、万以内以及多位数进位加法的算理就很容易理解。由"8+5"过渡为"38+5"，只需解决个位进来的1捆小棒与十位原来的3捆小棒合并起来，揭示"个位满十向十位进一"的问题。由38+5过渡到38+25，这时只需强调十位由3个十加2个十，再加个位进来的1个十，一共是6个十，再由38+25拓展到38+65，学生发现十位由3个十加6个十，再加个位进来的1个十是10个十。怎么办？有"个位满十向十位进一"的知识基础和思维条件，学生自然推断出"十位满十向百位进一"。如果百位满十呢？哪位满十就向它的前一位进一。算理清晰，同时又掌握算法，即使是多位数的计算（连续进位、间隔进位），对于低年级的学生来说也不会感到棘手。

由整数加减法过渡到小数加减法，难在对位，因为学生在学习整数加减法的时候，相同数位对齐，更直观的是末位对齐。学生容易把这种认知迁移到小数加减法。教学时，要紧紧抓住"数位""计数单位"和"进率"的概念，强调相同计数单位的个数才能相加减。例如，"35.6+7.98"，学生知道35.6是由3个十、5个一和6个十分之一组成的，7.98是由7个一、9个十分之一和8个百分之一组成的。计数单位清晰，数位对位就清晰，进而算理就清晰。

$$
\begin{array}{r}
3\,5.6 \\
+\quad 7.9\,8 \\
\hline
4\,3.5\,8
\end{array}
$$

二、乘除法运算教学的说理训练

（一）乘法运算教学的说理训练

乘法计算教学分为表内乘法、多位数乘一位数、两位数乘两位数、三位数乘两位数、小数乘法、分数乘法等单元，说理训练的侧重点应是理解多位数乘一位数和两位数乘两位数的算理。

1. 多位数乘一位数

首先理解多位数乘一位数的口算算理：

4×2想："4"表示4个一，二四得八，得到的是8个一，所以"$4 \times 2 = 8$"；

40×2想："4"表示4个十，二四得八，得到的是8个十，所以"$40 \times 2 = 80$"；

400×2想："4"表示4个百，二四得八，得到的是8个百，所以"$400 \times 2 = 800$"。

接着研究多位数乘一位数的笔算算理：

例题：每个皮球24元，买这样的3个皮球需要多少元？列式是24×3。

用加法计算：
$$
\begin{array}{r}
2\;4 \\
2\;4 \\
+\;2\;4 \\
\hline
7\;2
\end{array}
$$

用乘法计算：
$$
\begin{array}{r}
2\;4 \\
\times\qquad 3 \\
\hline
7\;2
\end{array}
$$

这样借助加法算理来揭示乘法算理：先用3去乘个位上的4，"4"表示4个一，三四十二，向十位进一，个位写"2"；再用3去乘十位上的2，"2"

表示2个十，二三得六，"6"表示6个十，再加个位进来的1个十，一共是7个

十，十位写"7"。

2. 两位数乘两位数

首先突破口算，由"30×2"过渡到"30×20"。

$$\begin{array}{r} ③\ \text{个}\ \boxed{+} \\ \times\ ②\ \text{个}\ \boxed{+} \\ \hline 6\ \text{个}\ \text{百} \end{array}$$

"30"表示3个十，"20"表示2个十。10个十是一个百，二三得六，"6"表示6个百。所以，"$30 \times 20 = 600$"。

笔算算理重点是理解用十位上的数去乘，积的末位的位置。

$$\begin{array}{r} 4\ 3 \\ \times\ 2\ 5 \\ \hline 2\ 1\ 5 \\ 8\ 6\quad \\ \hline 1\ 0\ 7\ 5 \end{array}$$

先算5个43，再算20个43，最后把两个积相加。"25"十位上的"2"表示2个十，用"2"去乘"43"个位上的3，二三得6，"6"表示6个十，应该写在十位；用"2"去乘"43"十位上的"4"，二四得八，"8"表示8个百，应该写在百位。所以，"$43 \times 25 = 1075$"。

3. 小数乘法

$$\begin{array}{r} 0.\ 7\ 2 \\ \times\ 3\ 1\quad 5 \\ \hline 3.\ 6\ 0 \end{array}$$

"0.72"表示72个百分之一，我们把0.72×5看作72×5，乘得的结果是360个百分之一，所以，要把小数点点在"3"的后面。

而"1.2×0.36"，学生自然会利用整数乘法的方法进行推理，"1.2"表示12个十分之一，"0.36"表示36个百分之一。我们把"1.2×0.36"看作"12×36"计算，得到的结果是432，而十分之一的百分之一是千分之一，所

以"$1.2 \times 0.36 = 0.432$。"

（二）除法运算教学的说理训练

除法计算教学分为表内除法、除数是一位数的除法、除数是两位数的除法、小数除法、分数除法等单元，说理训练的侧重点应是理解除数是一位数的除法的算理。

1. 除数是一位数的除法

首先理解除数是一位数除法的口算算理：

$6 \div 3$　想："6"表示6个一，把6个一平均分成3份，每份得到2个一，所以，"$6 \div 3 = 2$；"

$60 \div 3$　想："6"表示6个十，把6个十平均分成3份，每份得到2个十，所以，"$60 \div 3 = 20$；"

$600 \div 3$　想："6"表示6个百，把6个百平均分成3份，每份得到2个百，所以，"$600 \div 3 = 200$。"

接着研究除数是一位数除法的笔算算理：

【案例】

$52 \div 2 =$ 出示小棒，要把52根小棒平均分成2份，学生动手操作。

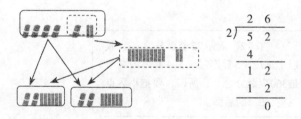

把5个十平均分成2份，每份得到2个十，所以在十位商2。二二得四，分走4个十，还剩1个十。把这1个十打开和个位的2个一合并起来是12个一。再把这12个一平均分成2份，每份得到6个一，所以在个位商6。

如果被除数的最高位不够除，这种情况学生确定商的位置时很容易出现问题。解决问题的最有效方法就是依据算理。例如，$237 \div 6$，我们先看被除数的最高位，把2个百平均分成6份，每份得不到几个百，这就需要把2个百打开，与十位的3个十合并起来是23个十。把23个十平均分成6份，每份能够得到3个十，所以在十位商3。接着再把57个一平均分成6份，每份得到9个一，所以在个位商9，还余3个一。

2. 除数是两位数的除法

首先突破口算。例如，80个气球，每班分20个，可以分给4个班。列式是"$80 \div 20=4$"。想：80表示8个十，20表示2个十，8个十里面有几个2个十？（有4个）所以，"$80 \div 20=4$"。同理，270表示27个十，90表示9个十，27个十里面有3个9个十，所以，"$270 \div 90=3$"。

另外，利用商不变的性质进行简便运算的题目同样要依据算理来解决。例如，$3800 \div 500$，则

$$
\begin{array}{r}
7 \\
5\cancel{0}\cancel{0}\overline{)38\cancel{0}\cancel{0}} \\
35 \\
\hline
3
\end{array}
$$

> "3800"表示38个百，"500"表示5个百。"38个百"里面有7个"5个百"，商7。五七三十五，分走35个百，还剩3个百。所以"$3800 \div 500=7\cdots300$"，而不是余3。

3. 小数除法

对于小数除法，算理完全相同。例如，$7.83 \div 9$，把7个一平均分成9份，每份得不到几个一，需要在个位商0，点好小数点；把78个十分之一平均分成9份，每份得到8个十分之一，所以在十分位商8；继续再把63个百分之一平均分成9份，每份得到7个百分之一，所以在百分位商7。

显而易见，培养学生讲算理就是让学生掌握计算的理论依据。有理有

据的推理才能使计算有根基，而有根基的教学才有拓展延伸的空间。因为，掌握根基（算理），就如同找到新旧知识之间共同的思维要素，以这些共同的思维要素作支撑，学生就会举一反三、触类旁通。这样不仅有助于构建学生良好的知识结构，同时为学生学习后续知识积蓄丰富的思维材料和思维方法，进而促进学生数学思维的可持续发展。

第四节　运算技能与迁移

一、技能的概念及其特点

学生学习语文，听、说、读、写是语文的技能；学习作文，观察、表达是写作的技能；学习数学运算，加、减、乘、除是运算的技能……什么是技能？技能是比观察、表达、运算等更为一般的概念，它是指人的认识活动的方式方法。技能是人们在认识活动中，外界客观事物的信息经感官活动内化为思维，思维活动及其结果又通过感官活动表达出来。前者称为"内化技能"，后者称为"外化技能"。两种技能都是同思维联系着的。知识是技能的产物。

技能要有三个特点：

（1）技能要通过练习才能形成

技能与知识不同，技能是一种活动，技能要经过多次练习才能形成。练习的作用就是不断修正那些错误的动作，最终形成正确的、熟练的方式方法。

（2）技能是同思维联系着的

技能一般由人的外部活动（感官、肌肉）和内部智力活动（思维）两部分构成。技能是外界事物的信息通向人的大脑的通道，技能始终同思维相联系。所以，技能训练（练习）其实质是思维训练。

（3）技能形成（熟练）以后，思维是隐性的

学生初学计算时，需要依靠对实物或数位筒的操作，理解算理推导结

果，只要脱离实物就会出现问题，这时的思维活动是显性的。经过一段时间的反复练习，当学生达到熟练的程度以后，好像不用思考就能脱口而出，思维达到一种自动化的程度，这时的思维活动是隐性的。

二、知识的迁移

学习是一个由浅入深、循序渐进的过程。如何进行学习？教育家孔子曾说："温故而知新。"这说明学习要在温习已有知识的基础上去探求新知，即通过学习迁移获取新知。

关于学习迁移，不同心理学派都提出了各自的理论观点，对于指导学习能起到一定的积极作用，但这些理论也具有局限性和片面性。"学习与思维"课题组根据两种思维的理念，提出一个全面的学习迁移理论，即"前后两种知识、技能（能力、习惯）若有共同的思维要素（思维材料、思维规律、思维方法）就能产生迁移，迁移是新旧知识、技能联系的机制。"

我们知道，学习的过程是指对知识的理解和运用的过程，其核心是思维的过程，即把新旧知识联系起来进行思维加工的过程。由此可见，新旧两种知识、经验若具有共同的思维材料或思维方法，就能实现迁移；而且共同的思维材料、思维方法越多，迁移的程度则越大。有效的学习，总是以已有知识为基础去获取新知。

在实际教学中，有些教师并未意识到迁移的价值，加之对知识的内在联系和与知识相协调的技能体系不够清晰，备课时往往忽视对新旧知识共同思维材料和思维方法的探究，学生的学习不是以原有知识为基础去拓展和提升，而是重新开始、另辟蹊径。这种忽视旧知参与的教学，会使学生的思维出现障碍，从而直接影响学习的效果。

例如，有这样一节"两位数加整十数"的教学案例，教师的教学设计和教学效果很能说明问题。

【创设情境】

左边苹果树有34个苹果，右边苹果树有20个苹果。引导学生提出问题：两棵苹果树一共有多少个苹果？学生列式34+20。

【学生探究】

34+20你怎样计算？老师为你们准备好小棒、磁扣和白纸，你们自己研究。

【学生汇报】

1. 用白纸画

用圆圈代表苹果，先画34个圆圈，再画20个圆圈，通过数圆圈得到结果是54。

2. 用小棒摆

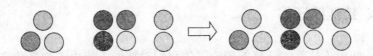 直观得到结果是54。

3. 用磁扣摆

教师没有提供数位表，学生不知把2个磁扣放在何处，结果都放在一起。

这节课，教师比较关注给学生创设探究的空间，但对学生学习新知需要具备哪些旧知、哪些技能、哪些思维方法并不知晓，根本没有找到新旧知识的生长点和思维的提升点。对于"两位数加整十数"的教学，哪些知识是新旧知识的生长点？无疑"整十数加整十数"以及"两位数加一位数"的算理是本节课的教学根基。

从"34+2"引入，理解"34+20"的算理（可以利用数位筒帮助学生辨析算理）。

图示"34+2"计算中，"2"表示2个

一，应该放进个位筒里，和个位筒的4个一合并起来是6个一，十位上的3个十没有变，所以34+2=36。

图示 "34+20" 计算中，"20" 表示2个十，应该放进十位筒里，和十位筒里的3个十合并起来是5个十，个位上的4个一没有变，所以 "34+20=54"。

通过这样的对比、鉴别，学生对计数单位的概念理解得更加深透，同时对两位数加整十数的算理理解得更加清晰。学生会用思维分析线准确地表达思维过程，如5+23=28，50+28=78。口算的正确率与速度明显提升。

通过这个教学案例，我深切地感到：如果没有相关旧知的参与，学习新知将会非常困难。在知识的理解和运用过程中，迁移起着至关重要的作用。因此，我们要善于挖掘新旧知识之间共同的思维要素（思维材料、思维方法），运用迁移原理，将相互蕴含的知识脉络呈现给学生，这样不仅有助于构建学生良好的知识结构，同时为学生学习后续知识积累更加丰富的思维材料和思维方法。

三、技能的迁移

新的知识（技能）迁移的理论，使我们对技能（能力）的迁移有了新的认识，拓宽了我们的思路。技能（能力）的迁移，是技能的活动方式、方法的迁移，也是思维方式、方法的迁移。前后两种同类技能、能力，若有共同的思维方式、方法（思维规律、思维方法）就能产生迁移。如果共同的思维方式、方法越多就越容易产生迁移。

数学运算的内容，具有很强的逻辑性、系统性，在运算推导过程中，前后两种同类技能，前面技能是后面技能的组成部分，从而能够产生一系列的迁移。例如，整数加减法和乘除法等基本运算技能，能产生广泛的迁移，我们几乎可以把各种运算技能列入广泛迁移的知识网络之中。因此，广泛、深入地研究、总结有关基本技能的教学经验，是提高教学效率和教学质量的重要途径。

目前，技能的迁移还没有像知识的迁移那样得到教师的关注。很多教师对知识体系很清晰，而对与知识协调发展的技能体系却很模糊，很少思考学习新知所应具备的基本技能。往往学生还没有具备掌握新知的相关技能，教师就把新知源源不断地塞给学生，这样势必会使教学无法顺利推进，教学效果不佳，学生接受新知出现障碍。这里，我想介绍一个关于"异分母分数加减法"的教学片段。

【旧知引入】

计算"$\dfrac{2}{7} + \dfrac{3}{7} = \dfrac{5}{7}$"提问：为什么分子可以直接相加减？（明晰同分母分数加减法的算理）

【探究新知】

计算"$\dfrac{5}{6} + \dfrac{3}{10} =$"观察发现：分母不同，分子不能直接相加减。怎样解决这个问题？（把分母变为相同）。学生自己尝试。

【学生汇报】

（1）$\dfrac{5}{6} + \dfrac{3}{10} = \dfrac{50}{60} + \dfrac{18}{60} = \dfrac{68}{60} = \dfrac{17}{15}$

（2）$\dfrac{5}{6} + \dfrac{3}{10} = \dfrac{25}{30} + \dfrac{9}{30} = \dfrac{34}{30} = \dfrac{17}{15}$

有的学生用两个分母的乘积做公分母，有的学生用两个分母的最小公倍数做公分母，教师均给予肯定，认为方法可以灵活多样，殊不知却使学生陷于计算的繁杂境地。

我们知道，教学异分母分数加减法，需要把异分母分数转化为同分母分数，如何转化？通分，通分首先需要确定公分母，即两个分母的公倍数，为使计算简便，需要确定最小公倍数。显而易见，能够准确、快速地确定两个数的最小公倍数是学习异分母分数加减法的知识与技能基础。为此，在前面研究最小公倍数时，就要引导学生根据两个数之间的关系梳理出确定最小公倍数的规律和方法。

（1）两个数互质，如8和9，它们的最小公倍数是两数的乘积。

（2）两个数为倍数关系，如5和20，它们的最小公倍数是较大数。

（3）两个数为一般关系，如9和15，可以用短除方法求最小公倍数。

试想，如果学生已经掌握确定两个数的最小公倍数的规律和方法，同时达到脱口而出的熟练程度，那异分母分数加减法的教学就会顺利实施。就像学习的迁移原理所揭示的："新知识与相关旧知识（技能）内在联系的条件是要有足够而且必要的共同思维要素。"这里"足够而且必要"是指学生学习新知识所必需的相关知识、技能。

综上所述，迁移是新旧知识、技能内在联系的机制，也是学习可持续发展的内在机制，它是促进学生思维发展的重要途径。因此，我们教师要善于研究两种学习经验之间共同的思维要素和思维方法，运用迁移原理，在理解和运用知识的过程中不断提高学生的思维能力。

第五节 运算能力与训练

能力是一种顺利地或高质量地完成获取知识和运用知识的个性心理特征，是技能的高水平的综合。"学习与思维"总课题组将能力的提升过程图示如下：

该图清晰地揭示出技能、能力与创新能力之间的内在联系。技能和能力都是认识过程的重要组成部分，技能是能力的基础，能力是技能高水平的综合，而创新能力则是能力最高水平的表现。

小学数学的运算，一般计算步骤具体，计算过程按部就班。因此，数学运算属于技能。但是，当学生能够运用已有知识和技能灵活、简便、快捷地解决计算问题时，我们就可以称之为能力。例如，$47.5 \times 4.8 + 0.475 \times 520$这道题，如果按照四则运算法则，先分别计算"$47.5 \times 4.8$"和"$0.475 \times 520$"，再把两个积相加，这是运算技能。如果观察到数据之间的内在联系，利用积不变的性质进行变式，把"47.5×4.8"转化为"0.475×480"，或者把"0.475×520"转化为"47.5×5.2"，灵活运用乘法分配律进行简便计算，这就是运算能力。

我们知道，能力是技能高水平的综合，没有扎实的基本知识和基本技能，能力培养就无从谈起；但是，并非具备一定的基本知识和技能就能形成能力，需要通过科学、有效的思维训练才能逐渐提升。现以应用"乘法运算定律"进行简便运算为例简要说明如何进行有梯度的思维训练。

一、基础训练

当学生刚刚理解乘法的运算定律时，我们可以先进行基础训练，帮助学生把握运算定律的基本型。

例：（1）$125 \times 27 \times 8 = （125 \times 8） \times 27$。

（2）$25 \times 125 \times 4 \times 8 = （25 \times 4） \times （125 \times 8）$同时组合。

（3）$36 \times 45 + 45 \times 64 = 45 \times （36 + 64）$。

（4）$175 \times 43 + 175 \times 56 + 175 = 175 \times （43 + 56 + 1）$把175看作$175 \times 1$。

二、变式训练

经过这样的基础训练，学生对运算定律的基本结构已非常清晰，同时对25和4、125和8组合的特点又非常熟知。有这样的知识积累，我们就可以继续进行变式训练。

例：（1）$46 \times 102 = 46 \times （100 + 2）$转化为乘法分配律的基本型。

（2）$125 \times 88 = 125 \times （8 \times 11）$或$125 \times （80 + 8）$见到125立刻想到8，想方设法从88里拆出8。可以把88转化为（8×11），利用乘法结合律解决问题；也可以把88转化为（$80 + 8$），利用乘法分配律解决问题；还可以利用积的变化规律将125×88转化为（125×8）$\times$（$88 \div 8$）。

学生能够根据数据的特点将问题转化为基本型进行简便运算，这是技能初步形成的过程。

三、拓展训练

当学生初步形成简便运算的基本技能后，我们可以将知识拓展到其他领域，通过灵活的思维训练将技能逐步提升到能力。

例：（1）$78 \times 135 - 78 \times 35 = 78 \times（135 - 35）$将乘法分配律拓展到减法。

（2）$3200 \div 25 \div 4 = 3200 \div（25 \times 4）$拓展到除法的基本性质。

四、延伸训练

当学生认识小数和分数后，我们将乘法的运算定律延伸到小数、分数的范畴，学生能够解决像"$12.5 \times 32 \times 0.25$，$3.65 \times 9.2 + 3.65 \times 0.8$，$（0.8 + \dfrac{1}{125}）\times 12.5$"这样的简便运算，这也是技能迁移的过程。

五、综合训练

将技能提升到能力，再将能力提升到创新能力需要进行灵活的思维训练，而思维训练的素材就来源于教师的精心设计。

例：（1）$0.125 \times 2\dfrac{3}{4} + \dfrac{1}{8} \times 6.25 - 12.5\%$这道题将小数、分数和百分数互化的知识融入简便运算。学生通过仔细观察，发现0.125、$\dfrac{1}{8}$与12.5%的内在联系，同时根据这道题的基本结构判定可以用简便方法解决问题。

方法一：

$0.125 \times 2\dfrac{3}{4} + \dfrac{1}{8} \times 6.25 - 12.5\%$

$= 0.125 \times 2.75 + 0.125 \times 6.25 - 0.125$

$= 0.125 \times（2.75 + 6.25 - 1）$

$= 0.125 \times 8$

$= 1$

方法二：

$$0.125 \times 2\frac{3}{4} + \frac{1}{8} \times 6.25 - 12.5\%$$

$$= \frac{1}{8} \times 2\frac{3}{4} + \frac{1}{8} \times 6\frac{1}{4} - \frac{1}{8}$$

$$= \frac{1}{8} \times \left(2\frac{3}{4} + 6\frac{1}{4} - 1 \right)$$

$$= \frac{1}{8} \times 8$$

$$= 1$$

（2）"$48 \times 1.08 + 1.2 \times 56.8$"这道题初步观察似乎没有找到彼此的关联，深入观察，发现48与1.2有内在联系，48是12的4倍，或者说4.8是1.2的4倍。我们可以利用积的变化规律将"48×1.08"转化为"4.8×10.8"，再转化为"1.2×43.2"，这样就将原题转化为"$1.2 \times 43.2 + 1.2 \times 56.8$"，问题得到解决。

从开始的基础训练到最后的综合训练，让我们清晰地看到由技能提升到能力的螺旋上升的运动轨迹。经过这样系统、灵活的思维训练，学生逐步形成一定的观察能力、分析能力和运算能力，并在综合运用所学知识解决问题的同时形成自己新颖、独特的解题思路，这就是创新能力。